KB053888

# 고전명언
마음수업

철학에서 길을 찾다

；

소크라테스, 공자, 마르쿠스 아우렐리우스, 헤르만 헤세,
톨스토이, 호메로스, 생텍쥐페리, 임제의현, 타고르, 율곡 이이

10명의 사상가에게 배우는

# 고전명언
# 마음수업

임성훈 지음

SNOWFOX

## 내 삶을 예쁜 쓰레기로 만들고 있는 것은 아닐까?

삶이 두려울 때가 있습니다. 어느 길로 가야 할지, 무엇을 위해 살아야 할지 막막할 때가 있습니다. 그러나 속 시원한 답을 찾기가 힘듭니다. 게다가 세상은 빠르게 변하고 있습니다. 기존의 가치가 무너지고 새로운 것으로 대체되는 속도가 점점 빨라지고 있습니다.

초등학생 유튜버가 수십억의 돈을 벌고 대중들의 관심이 됩니다. 인스타그램에는 온갖 앱으로 자신의 외모를 왜곡한 사진으로 타인의 사랑을 갈구합니다. 고대 그리스에서 수사학을 가르쳐주는 소피스트들의 몸값이 높았듯이 돈 버는 방법을 가르쳐주는 사람들이 가장 존경받는 멘토가 되어 갑니다.

무엇이 사람답게 살아가는 올바른 길일까요? 열심히 살고 있는데 내 삶은 정말 제대로 된 방향으로 가고 있는지 불안할 때가 있죠. 인도의 시성 타고르는 '지하 감옥에서 눈물 흘리고 있는 진정한 자아 주위에 벽을 쌓아 올리느라 분주한' 삶을 안타까워했습니다. 열심히 사는 방향이 '빛나는 존재인 나'를 밝히는 것과 무관하다면, 껍데기만 예쁘게 가꾸고 본질과 멀어지는 것이라면, 내 삶은 예쁜 쓰레기가 돼가고 있는 것은 아닐까요?

저는 2018년부터 〈아레테인문아카데미〉를 통해 빛나는 고전을 쉽게 소개하고 고전 필사 프로젝트를 진행해오고 있습니다. 2년여의 시간 동안 제 삶을 바꾼 고전 속 10명의 스승을 소개했고 그들과 좀 더 깊은 대화를 나눌 수 있었습니다. 그들을 사숙(私淑)하면서 깨달은 것은 '궁극의 경지에 간 사람들의 생각과 말은 통한다'는 것이었습니다. 그들이 살았던 시대와 장소를 달랐지만 '인간은 어떤 존재인가, 어떻게 살아야 하는가?' 하는 질문에 답은 크게 다르지 않았습니다.

이 책은 순서대로 읽지 않아도 좋습니다. 차례를 보면서 마음이 가는 부분을 펼쳐 편하게 질문을 던져가며 읽어보세요. 10명의 스승은 각자의 개성 있는 목소리로 우리에게 생각할 거리를 던져줄 것입니다. 그들의 말을 100퍼센트 받아들이기보다는 삶에 대한 철학을 세우는 계기로 삼아보세요.

**첫 번째 스승은 공자입니다.**
공자에게 배움은 존재 이유였습니다. 그는 도(道)에 뜻을 두고 남들이 알아주든, 알아주지 않든 의연하게 자신의 길을 갔습니다. 인정을 받고 출세하기 위한 배움이 아니라 수양과 인격완성을 위한 배움을 실천했습니다. 완성된 사람이 성인이 아니라 배움과 실천을 통해 완성되어 가는 사람이 성인이라는 것을 공자를 통해 깨달을 수 있습니다.

**두 번째 스승은 로마의 황제이자 스토아 철학자였던 마르쿠스 아우렐리우스입니다.**

그는 '행복이란 무엇인가'에 대해 깊은 생각을 하게 해줍니다. 조건이 충족되어야 행복한 것이 아니라 현실을 어떻게 생각하느냐에 따라 행복이 좌우됩니다. 우연이라는 것은 없습니다. 일어나는 모든 일은 합당한 이유를 갖습니다. 어떤 일이 벌어져도 좌절하거나 남 탓을 하지 않고 담담하게 수용하는 어른의 철학을 배워보세요.

**세 번째 스승은 소크라테스입니다.**

그는 끊임없이 캐묻고 숙고하는 삶을 살았습니다. 자신의 소명을 정의하고 그것을 그대로 실천했습니다. 그의 앎은 곧 삶이었습니다. 모르는 것은 모른다고 하고 아는 것은 그대로 실천했습니다. 그에게 상황이 불리하고 유리하고는 중요하지 않았습니다. 죽음은 그에게 두렵거나 피해야 할 대상이 아니었기에 죽음 앞에서도 흔들리지 않았습니다. 자신의 삶 자체가 변론이었던 소크라테스를 통해 진리와 정의를 추구하는 정신을 배워보세요.

**네 번째 스승은 자아의 탐구에 매진한 작가 헤르만 헤세입니다.**

헤세는 흔들리면서 자아를 찾아가는 여정을 잘 보여주었습니다. 그는 전쟁의 시대에 무비판적으로 권위를 수용하지 않았습니다. 헤세는 국가, 종교, 학교 등 수많은 권위에 칼자국을 새겼습니다. 마치 한 명의 구도자처럼 '내 안에 솟아 나오려는 그것'을 살아보려 노력한 헤세와 함께 온전히 자신이 된다는 것이 무엇인지 고민해보세요.

**다섯 번째 스승은 톨스토이입니다.**

그는 작품을 통해 삶과 죽음, 행복, 사랑, 진리, 영혼, 노동의 가치, 학문, 믿음 등 인간이라는 존재의 다양한 측면을 탐구했습니다. 그리고 그가 깨달은 것을 나누어 주었습니다. 톨스토이는 인간의 자유로운 생각을 무엇보다도 중요하게 생각했습니다. 기존의 권위에 의존하지 않고 자신만의 생각을 확장해 갔습니다. 사람은 무엇으로 사는 존재인지 톨스토이와 대화를 나눠보세요.

**여섯 번째 스승은 서양 문화의 뿌리가 되는 두 작품을 전한 호메로스입니다.**

그의 작품《일리아스》와 《오디세이아》에는 고대 그리스인들의 세계관, 신관, 인생관이 녹아 있습니다. 2,700여 년 전의 작품 속에서도 명예, 용기, 고난, 운명, 죽음과 같은 오늘날 인간의 고민을 발견할 수 있습니다.

**일곱 번째 스승은 장난기 있는 어린 왕자 같은 생텍쥐페리입니다.**

그는 메마른 지구에서 잊혀 가는 가치-관계, 사랑, 의무, 상상력-를 찾았습니다. 눈에 보이지 않는 중요한 것을 발견해 우리에게 전해주었습니다. 비행기를 조종하면서 버려진 농가에 인사를 건네는 따뜻한 마음을 가진 작가와 함께 사막 같은 세상에 숨겨진 나만의 샘을 찾아 떠나보세요.

**여덟 번째 스승은 임제종의 개조 임제의현 선사입니다.**

그는 삶을 통해 일관되게 인간 정신의 자유를 외쳤습니다. '부처를 만나면 부처를 죽이라'고 일갈했습니다. 무엇에든 속박되지 말고 주인의 마음으로 살아가라고 가르쳤습니다. 모든 권위를 초월한 그의 가르침을 통해 그 무엇에도 얽매이지 않고 삶의 주인으로 살아가는 대 자유의 경지를 느껴볼 수 있습니다.

**아홉 번째 스승은 인도의 시성 타고르입니다.**

그는 《기탄잘리》에서 삶이라는 축제에 초대받은 기쁨을 노래했습니다. 그에게 삶은 그 자체로 축복입니다. 우리가 눈을 뜨고 있지 않기 때문에 그 아름다움을 볼 수 없습니다. 눈을 뜨면 축제를 즐길 수 있습니다. 그는 이 축제에서 신의 다른 이름인 나를 찾았습니다. 이른 새벽 만물이 깨어날 때 명상하는 마음으로 타고르의 글을 읽어보세요.

**열 번째 스승은 조선이 낳은 위대한 천재 율곡 이이입니다.**

그는 학문적 성취, 관료로서의 성공, 후학 양성 등 모든 것을 다 가진 성공한 지식인이었습니다. 하지만 언제나 겸손했으며 성심을 다해 사람들을 대했습니다. 학문을 통해 마음을 닦고 그 깨달은 바를 그대로 실천했습니다. 그는 글과 삶을 통해 배움이 아니고서는 올바른 삶을 살 수 없다는 것을 알려주었습니다.

고전 속 깨달음의 말을 통해 10명의 스승을 소개할 수 있어 기쁜 마음입니다. 책을 읽는다는 것은 나에게 필요한 그 한마디를 건져 올리는 것입니다. 이 책을 통해 각자의 삶에 빛이 되는 말을 찾아내고 행복한 변화를 이루기를 바랍니다.

2021년 만물이 깨어나는 봄의 길목에서

임성훈 드림

※ 이 책에 인용한 고전 문장은 원전 내용을 가감 없이 번역하여 싣는 것을 원칙으로 하되, 이해의 편의를 위해 저자가 일부 내용을 각색한 점을 밝힙니다.

차례

프롤로그 • 4

*Chapter I*

배움을 통한 성장이 삶의 이유다

공자 孔子

공자는 춘추전국시대의 혼란한 정치 상황 속에서 이익이 아닌, 인
(仁)의(義)를 기반으로 한 정치를 할 것을 각국의 제후들에게 설파했습
니다. 제후들을 비롯한 당대의 많은 지식인이 혼란한 시대에는 힘을
기르고 생존과 이익을 추구하는 것이 옳다고 여겼습니다. 하지만 공
자는 일관되게 인, 의, 예와 같은 가치를 강조했습니다. 그는 말뿐 아
니라 행동을 통해 자신의 이상을 현실에 실현하기 위해 노력했습니
다.

그 과정에서 성공보다는 실패를 많이 겪었지만 그는 의연함을 잃
지 않았습니다. 고난 속에서 제자들은 흔들렸지만 그는 태산처럼 흔
들리지 않는 모습을 보여주었습니다. 철저한 자기 수양과 학문에 대

한 타오르는 열정으로 주변 사람들을 감화시켰습니다.

항상 배움의 자세를 잃지 않고 제자들에게도 성장과 배움을 강조한 공자의 가르침을 《논어》를 통해 만나보겠습니다.

# 01

學而時習之, 不亦說乎?
배우고 때때로 그것을 익혀 행하면 또한 기쁘지 않겠는가?

有朋自遠方來, 不亦樂乎?
벗이 있어 먼 곳에서 찾아오면 또한 즐겁지 않겠는가?

人不知而不慍, 不亦君子乎?
사람들이 나를 알아주지 않더라도
노여움을 품지 않으면 그 또한 군자가 아니겠는가?

《논어》<학이>

—

不患人之不己知, 患其不能也.
남이 나를 알아주지 않는다 걱정하지 말고
자신이 능력이 미치지 못함을 걱정하라.

《논어》, <헌문>

—

德不孤, 必有隣.
덕이 있는 사람은 외롭지 않다. 반드시 알아주는 사람이 있다.

《논어》, <이인>

# 고전 들여다보기

학(學)은 '배운다', '본받다'라는 의미입니다. 나보다 먼저 깨달은 사람들이 전해준 지식과 지혜를 본받아 배우는 것이 바로 학(學)입니다. 습(習)은 '때때로 익힌다', '복습한다'와 같은 의미도 있지만 '실습한다', '행한다'라고 풀이할 수 있습니다. 이렇게 본다면 학습은 '배우고 그것을 행하는 것'입니다. 배운 것을 현실에 적용해 행하는 것, 그것이 진정한 배움입니다. 그 배우고 행하는 과정에서 마음속에 진정한 기쁨(說)이 생깁니다.

붕(朋)은 '친구', 혹은 '제자'의 뜻입니다. 친구가 되었든, 제자가 되었든, 함께 공부하며 뜻을 함께하는 사람이 찾아온다는 것은 큰 기쁨입니다. 덕과 학문에 깊이가 있는 사람은 비슷한 사람을 끌어들입니다. 그래서 외롭지 않습니다.

배운 것을 머리로만 알고 자기 삶에 적용하지 않으면 시간 낭비입니다. 1년에 책을 1,000권 읽어도 삶에 적용하지 않아 아무런 변화가 없다면 하나 마나 한 독서입니다. 단순히 아는 것을 뛰어넘어 그것을 통해 내 인생이 바뀔 때 진정한 공부의 즐거움을 느낄 수 있습니다.

지금 내가 하는 공부는 삶과 연결되어 있나요? 내가 하는 공부가 일상의 변화를 이끌고 있지 않다면 공부의 방향성을 점검하거나 삶과 연결할 수 있는 방법을 고민해 보는 것이 좋습니다.

# 02

君子務本, 本立而道生.

군자는 근본에 힘쓴다, 근본이 바로 서야 도가 생겨난다.

孝弟也者, 其爲仁之本與.

효도와 형을 존경함은 어짊의 근본이다.

《논어》, <학이>

# 고전 들여다보기

공자는 부모에게 효도하고 형을 존경하는 것을 인(仁)의 근본이라고 설명합니다. 평소 자신의 근본을 바로 잡는 것을 힘쓰는 사람이라면 사회를 어지럽히는 사람이 되지 않을 것입니다.

근본이란 무엇일까요? 먼저 사람이 되어야 합니다. 사람됨의 근본은 효도와 같은 가치입니다. 이 말은 좀 더 확장해서 해석해봐도 좋습니다. 인간답게 살기 위한 근본은 끊임없는 배움입니다. 무(務)는 '힘을 오로지 한곳으로 쏟는 것'입니다. 무슨 일을 대하든 어떤 일을 하기 위한 근본을 잘 파악하고 그것에 힘을 모으는 것이 바르게 일하는 방법입니다.

올바른 삶을 살기 위해 힘써야 할 근본은 무엇일까요? 여러 가지를 생각해 볼 수 있지만 무엇보다 자기 삶의 가치관을 명확하게 세우는 것이 중요합니다. 우리가 삶에서 부딪히는 모든 문제에 대해 옆에서 답을 알려줄 사람은 없습니다. 책을 읽고 스승을 찾아다니며 조언을 구해도 결국 판단은 각자가 해야 합니다.

가치관은 하루아침에 만들어지는 것은 아닙니다. 내면의 목소리에 귀 기울이고 끊임없이 스스로 질문하고 답하면서 조금씩 다듬어져 가는 것입니다.

# 03

過則勿憚改

자신에게 허물이 있다면 그것을 고치기를 두려워하지 마라.

《논어》, <학이>

—

吾未見能見其過,

而內自訟者也.

나는 이제껏 자기 잘못을 발견하고
마음속으로 자신을 꾸짖는 사람을 보지 못했다.

《논어》, <공야장>

# 고전 들여다보기

자신의 허물을 고치기는 쉽지 않습니다. 크게 두 가지 이유입니다.

첫째는 자신의 허물이 허물이라는 것 자체를 인지하지 못하거나 인정하지 못해서입니다. 자신의 잘못을 인지하기 위해서는 주변 사람들의 의견에 귀를 잘 기울여야 합니다. 그리고 인정하기 위해서는 비난을 받는 것에 대한 두려움, 수치심을 내려놓아야 합니다.

두 번째로 용기가 부족해서입니다. 허물을 아는 것과 그것을 스스로 꾸짖고 고치는 것은 별개의 문제입니다. 허물을 고치는 데는 상당한 용기와 자기부정이 필요합니다. 자신을 다스리는 일에 용기가 없다면 잘못이 계속 쌓일 수밖에 없습니다.

내 허물을 잘 알기 위해서는 먼저 스스로 자기를 잘 돌아볼 수 있어야 합니다. 자기를 돌아보는 것도 연습이 필요합니다. 꼭 매일 하지 않아도 일기를 쓰면서 꾸준히 연습해보면 좋습니다. 사람들은 관계가 서먹해지거나 어색해질 것이 두려워 단점을 말해주기를 주저하는 경우가 많습니다. 친구가 애써 용기 내 해준 조언을 무시하거나 흘려듣지는 않았는지 생각해 볼 대목입니다.

# 04

視其所以, 觀其所由,

察其所安, 人焉廋哉?

人焉廋哉?

어떤 사람의 행동을 관찰하는 방법은

그 동기와 수단이 올바른가를 보고,

그 행동이 자연스럽게 나온 것인지 자세히 살펴야 한다.

그러면 그 마음을 어찌 숨길 수 있겠는가?

《논어》, <위정>

# 고전 들여다보기

행동은 마음에서 비롯되는 것입니다. 마음은 뿌리, 행동은 가지와 이파리입니다. 공자는 한 사람의 행동의 진정성을 파악하는 데 필요한 핵심을 정확하게 전해주고 있습니다.

동기가 순수한가? 수단이 적절한가? 자연스러운 본성에 의해 나오는 것인가? 이 세 가지를 파악하면 행위를 하는 사람의 본래 마음을 짐작할 수 있습니다.

조금만 관찰해보면 마음 밑바닥이 모두 드러나 보이는 사람도 있고 아주 오랫동안 함께 있어도 속을 알 수 없는 사람이 있습니다. 어떤 경우든 한 사람의 속마음을 짐작하려면 그 사람의 겉모습만 보지 말고 의도와 동기를 생각해 보면 됩니다.

순수하지 않은 의도는 두려움과 인정욕구가 대표적입니다. 비난받거나 가진 것을 잃을까 두려워서, 혹은 인정받으려는 욕심 때문에 움직이는 사람은 표정이 온화하지 않고 행동이 부자연스럽습니다. 오랫동안 가까이 지내기 힘듭니다.

# 05

知之爲知知, 不知爲不知, 是知也.

아는 것을 안다 하고 모르는 것을 모른다 하는 것,

바로 그것이 아는 것이다.

*《논어》,〈위정〉*

—

吾有知乎哉? 無知也.

내가 안다고 할 만한 것이 있는가? 나는 아는 것이 없다.

*《논어》,〈자한〉*

# 고전 들여다보기

모르는 것을 안다 하고, 아는 것을 모른다고 하는 이유가 뭘까요? 대부분의 경우 전자는 자신이 모른다는 사실을 부끄러워해 숨기기 위해 아는 척하는 것입니다. 후자는 어떤 사실이 드러날 것이 두려워 숨기기 위해 거짓말하는 것입니다. 이런 행동들의 공통점은 두려움입니다. 두려움은 모든 병통의 근본입니다. 있는 그대로 '안다, 모른다' 하는 것이 지성인의 자세입니다.

공자는 마치 소크라테스와 같이 아는 것이 없다고 말합니다. 당대의 지성인들이 왜 이렇게 똑같은 말을 했을까요?

단순한 겸손 치레가 아니라 정말로 아는 것이 없다는 것을 처절하게 느꼈기 때문입니다. 알지 못한다는 인정에서 배움이 시작됩니다.

성인들이 아는 것이 없다고 한 것은 '정말' 아는 것이 없다고 생각했기 때문입니다. 우리를 둘러싼 자연과 우주의 이치를 궁구하고 '삶이란 무엇인가'를 숙고하다 보면 자신의 무지를 뼈저리게 느끼게 됩니다.

사람은 한 치 앞의 미래도 볼 수 없습니다. 자신의 운명은 베일에 싸여 있습니다. 아무리 노력해도 이루어지지 않는 일이 있고 별다른 노력을 하지 않아도 저절로 이루어지는 일이 있습니다. 과학기술의 발전으로 세상을 조금씩 알아가고는 있지만 우리에게 우주는 여전히 풀 수 없는 수수께끼입니다. '안다'는 자만을 내려놓고 순수한 어린아이와 같은 눈으로 세상을 바라보고 즐기며 살아가는 것이 어떨까요?

# 06

學而不思則罔, 思而不學則殆.

배우기만 하고 스스로 생각하지 않으면 사리에 어둡고

생각만 하고 배우지 않으면 위태롭다

《논어》,〈위정〉

# 고전 들여다보기

먼저 공부한 선배들의 지식을 익히는 것과 사색을 통해 내 것으로 만드는 것은 모두 중요합니다. 학습에만 매달리고 내 생각을 하지 않으면 내 것이 없어 공허합니다. 남이 생산한 지식과 콘텐츠를 받아먹기만 하면 4차 산업혁명 시대에 생존하기조차 힘들 수 있습니다. 모든 지식이 손쉽게 공유되고 검색되기 때문에 단순히 어떤 지식을 안다는 것은 큰 의미가 없기 때문입니다.

내가 하는 공부가 배우기만 하거나 생각만 하는 것에 치우쳐 있다는 생각이 들지 않나요? 두 가지 사이에서 균형을 잡으려면 외부의 지식을 비판적으로 소화해서 받아들이는 연습을 하고 지식을 확장하려 노력해야 합니다.

작가가 쓴 책을 볼 때 책의 내용을 전부 옳은 것으로 여기고 그것을 그대로 받아들이려 하지 말고 내 생각을 책의 한 귀퉁이에 써보면 좋습니다. 혹은 독서 노트를 만들어 한 페이지에는 작가의 주장을 그대로 필사하고 다른 페이지에는 그 주장에 대한 내 생각을 써봅니다.

이렇게 훈련하면서 생각하는 힘을 키우면 사람들과 나누고 싶은 생각이 듭니다. 온라인 독서모임에 참여하거나 모임을 직접 운영하면서 생각을 나누면 같은 내용에 대해서도 다양한 관점이 있다는 것을 배울 수 있습니다. 그리고 혼자였다면 읽어보지 않았을 다양한 책도 접할 수 있습니다.

# 07

朝聞道, 夕死可矣.

아침에 인생의 도리를 들어 깨달으면

그날 저녁에 죽는다고 해도 좋다.

《논어》, <이인>

# 고전 들여다보기

공자는 배우는 것, 깨닫는 것을 너무나 사랑했습니다. 아침에 우주의 진리, 삶의 도리를 들어 깨닫는다면 그날 저녁에 죽어도 좋고 하니 그가 진리를 얼마나 사랑하는지 알 수 있습니다. 삶의 목적이 진리를 깨닫는 것이기 때문에 이런 말을 할 수 있었을 것입니다.

여기서 도(道)는 여러 의미로 생각해볼 수 있습니다. 일반적으로는 우주와 인간의 진리, 인생의 도리, 삶의 비밀, 절대적인 이성 등을 말하지만 각자가 처한 환경, 가치관 등에 따라 다르게 정의할 수 있습니다.

나에게는 도(道)가 어떤 의미인가요? 도(道)가 사람이 살아가야 할 길이라면 삶의 목적에 대해 좀 더 생각해 봐야 합니다. 삶에 어떤 목적이나 사명이 있는 걸까요? 아니면 사람은 그저 한세상 행복하게 잘 살다 가면 그만인 걸까요?

성인들이나 역사적으로 위대한 업적을 이룬 사람들은 대부분 인생을 어떤 목적을 향해 나아가는 것으로 보았습니다. 그 목적을 위해 많은 것을 희생(심지어 목숨까지도)하면서 인류에게 영감을 주었습니다. 하지만 모두가 그렇게 살 수는 없을 것입니다. 내가 숨 쉬고 있는 지금 이 순간에 온전히 깨어있으면서 행복한 것 자체도 멋진 삶이 될 수 있습니다. 어느 쪽을 선택하든 내 인생입니다.

# 08

士志於道, 以恥惡衣惡食者,

未足與議也.

선비가 도에 뜻을 두었음에도
남루한 옷과 거친 음식을 부끄러워한다면
그와 더불어 도를 논할 만하지 못하다.

《논어》, <이인>

# 고전 들여다보기

뜻을 도(道)에 두었다는 것은 오직 진리를 추구한다는 것입니다. 중요한 것은 도를 추구하고 깨달아가는 것에 온 정신을 집중하는 것입니다. 그런데 중요하지 않은 껍데기인 옷이나 음식같은 것에 마음을 빼앗긴다면 진정한 선비라고 할 수 없는 것입니다.

겉으로는 깨달음을 구하는 척하면서 속마음으로는 다른 것을 생각하는 것입니다. 정말로 부끄러워해야 할 것은 입고 있는 옷이나 먹는 음식이 아닙니다. 도에 뜻을 둔다고 하면서 그것을 구하는 것에 집중하지 못하는 것입니다.

소크라테스와 공자는 '영혼의 최대 향상', '도를 듣는 것(聞道)'과 같이 물질이 아닌 정신의 성장에 높은 가치를 부여했습니다. 그런데 정신적인 가치를 추구하려면 꼭 가난해야 할까요? 현명하면서도 부유할 수는 없는 것일까요? 물질의 풍요로움을 추구하는 것은 잘못된 것일까요?

정신적인 가치를 추구한다고 해서 꼭 부유함과 거리를 둬야 하는 것은 아닙니다. 물질적인 풍족함은 세상을 좀 더 편하게 살아가기 위한 수단입니다. 그러니 물질적인 풍요는 나쁜 것이 아닙니다. 때로는 부유함이 경제활동에 들어가는 시간을 절약해 주어 정신의 성장에 도움이 될 수도 있습니다.

하지만 성인들은 물질에 정신을 빼앗기면 정작 해야 할 정신의 성장을 이루기 어렵기 때문에 정신의 가치를 더 강조했습니다.

# 09

放於利而行, 多怨.

이익을 따를수록 원망이 많아진다.

《논어》, <이인>

고전명언 마음수업

# 고전 들여다보기

이익을 추구한다는 것은 본질적으로 이기적입니다. 사랑, 상생, 예, 인 등 공자가 추구하는 다른 가치와는 충돌이 일어날 소지가 큰 것입니다. 그래서 공자의 배움은 이익과 일정한 거리를 둘 수밖에 없습니다.

나의 이익과 욕망만을 추구하면 타인의 원망을 살 가능성이 커집니다. 왜냐하면 이익과 욕망의 속성은 타인의 존재 자체가 위협이기 때문입니다. 내가 더 많이 가져야 하고 내가 하고 싶은 것을 해야 할 때 비슷한 욕망을 가진 타인의 존재는 달갑지 않을 수밖에 없습니다. 따라서 이익과 욕망을 따라 일을 하면 할수록 사람들 간의 갈등, 반목은 심해지고 원망이 쌓여갑니다.

우리는 살아가면서 무엇을 배워야 할까요? 배워야 할 것이 정말 많지만 그중에서도 가장 근본적이고 소중한 배움은 '분리감의 극복'입니다. 우리는 다른 사람이 나와 완전히 다른 존재라고 생각합니다. 하지만 아무리 많은 파도가 일어나도 결국 거대한 바다에 수렴되는 것처럼 우리는 근본적으로 하나의 존재입니다.

내 이익만 챙기는 마음은 분리감에서 비롯된 것입니다. 너와 내가 다르지 않고 연결되어 있다는 것을 알면 나만 생각하지 않고 모두가 잘되는 길, 공동체의 이익을 먼저 생각할 수 있습니다.

# 10

見賢思齊焉, 見不賢而內自省也.

어진 사람을 보면 그와 같아지기를 생각하며

어질지 못한 사람을 보면

나 역시 그렇지는 않은지 스스로 반성하라.

*《논어》, <이인>*

—

三人行, 必有我師焉.

擇其善者而從之, 其不善者而改之.

세 사람이 길을 가면 그중에 반드시 나의 스승이 있다.

그 선함을 가려 따르고

그 선하지 않은 것을 거울삼아 내 허물을 고칠 것이다.

*《논어》, <술이>*

# 고전 들여다보기

사람은 사람에게서 배웁니다. 아무리 세상이 변해도 인격의 성장을 위해 스승의 존재는 필요합니다. 사람은 본을 보고 배웁니다. 아이들은 엄마, 아빠가 하는 말과 행동을 그대로 보고 배웁니다. 말과 행동은 마음의 그림자이기 때문에 결국 부모의 생각하는 방식, 마음을 그대로 배우는 것입니다.

어진 사람을 보면 시기, 질투하지 말고 나도 그렇게 어진 사람이 되기 위해 본받으려고 노력해야 합니다. 반대로 어질지 못한 사람을 보면 비난하지 말고 나에게 그와 비슷한 부족한 면이 없는지 반성해야 합니다.

모든 경험은 내가 어떻게 생각하고 받아들이는지에 따라 배움이 될 수도 있고 그저 괴로움이 될 수도 있습니다. 깨어있지 않은 정신으로 겪는 현실은 그저 무의미하게 흘러가는 일상일 뿐입니다. 하지만 깨어있으면 모든 경험은 배움이 될 수 있습니다.

상대가 하는 말 한마디에 불쾌했다면 감정에 빠지지 말고 객관적으로 그 상황을 다시 바라보세요. '나는 왜 불쾌했을까?', '어떤 말을 들었을 때 화가 났지?', '그 말이 나에 대해 스스로 갖고 있는 어떤 생각을 자극했을까?'라고 생각해 보면 불쾌한 경험은 내 열등감이나 고정관념이 무엇인지 알아차리는 기회가 될 수 있습니다.

# 11

敏而好學, 不恥下問, 是以謂之文也.

공어는 행동이 민첩하고 배우기를 좋아해서

아랫사람에게 묻는 것을 부끄러워하지 않았기에

내가 그의 시호를 문(文)이라 했다.

*《논어》, <공야장>*

# 고전 들여다보기

공자가 사람됨이 좋지 않은 〈공어〉라는 사람에게 문(文)이라는 시호를 내렸습니다. 공자의 제자 자공이 왜 그렇게 하셨는지 궁금해 물어보자 공자는 그가 비록 악인이지만 배우기를 좋아해 아랫사람에게 묻는 것을 부끄러워하지 않았기 때문이라고 대답합니다.

묻는 것을 부끄러워하는 것은 자존심 때문입니다. 일반적으로 묻는다는 것은 내가 부족하다는 것을 인정하는 것이고 체면이 구겨진다고 생각하기 쉽습니다. 하지만 정말로 자존감이 강한 사람이라면 모르는 것을 모른다고 하고 배우고 묻는 것을 부끄러워하지 않습니다.

묻는 것을 부끄러워하는 감정의 밑바닥에는 무엇이 있을까요? 인격이 성숙한 사람일수록 남에게 묻는 것을 부끄러워하지 않습니다. 있는 그대로의 모습을 드러내는 것을 주저하지 않습니다. 묻는 것을 부끄러워한다면 알지도 못하면서 아는체하는 것입니다. 자기를 꾸미고 치장해서 실제보다 더 나아 보이려는 시도입니다. 극단적으로 말하자면 나를 속이고 남을 속이는 것입니다.

모르는 것에 대한 호기심보다 모른다는 것을 인정하고 물었을 때 다른 사람들이 자기를 어떻게 생각할지부터 걱정하는 것은 솔직하지 않은 태도입니다.

# 12

冉求曰:

非不說子之道, 力不足也.

염구 : 선생님의 도를 좋아하지 않는 것은 아닙니다.

다만 저는 힘이 미치지 못합니다.

子曰:

力不足者, 中道而廢, 今女畫.

공자 : 정말 힘이 부족한 사람은 나아가다가 중도에 그만둔다.

지금 너는 제대로 하지도 않고 한계선을 그은 것이다.

《논어》, <옹야>

# 고전 들여다보기

공자가 가난함의 근심을 이겨내고 공부하는 즐거움을 누리는 제자 안회를 칭찬합니다. 이 말을 듣고 〈염구〉라는 제자는 공자에게 투덜 거립니다. 자신도 공자의 가르침에 기쁨을 느끼지만 힘이 부족하다고 말입니다. 하지만 공자는 '네가 진짜로 힘이 부족한 것이 아니라 스스로 한계를 긋고 힘을 다하지 않는 것'이라고 말합니다.

배움에는 스스로 한계를 정하지 말아야 합니다. 힘을 다해 배움에 힘쓴다면 한계는 없습니다. 어떤 누군가가 해낸 일이라면 나도 노력하면 충분히 해낼 수 있습니다. 위대한 스승들은 한결같이 한계는 스스로 만드는 것이고 그것을 깨라고 말합니다.

우리는 어릴 때부터 부모님, 선생님, 친구 등 주변 사람들에게 '이건 안돼, 저건 원래 그런 거야.' 하는 말을 듣고 자랐습니다. 다섯 살 이전에 이미 세상을 바라보는 사회와 어른들의 고정관념을 장착하고 학교 교육과 자신의 경험을 통해서 그것을 확인하며 단단하게 만들어 갑니다.

하지만 누군가는 그런 틀을 깨고 도전하고 성취해 냅니다. 한 사람이 해낸 일이라면 만 명이 불가능하다고 해도 할 수 있는 일입니다. 할 수 있었는데 스스로 한계를 짓고 하지 않았던 일에는 어떤 것이 있었나요?

# 13

知之者, 不如好之者,

好之者, 不如樂之者.

배움의 유익함을 아는 사람은
배움을 좋아하는 사람보다는 못하고
좋아만 하는 사람은
더 나아가 배움을 즐기는 사람보다는 못하다.

《논어》,〈옹야〉

# 고전 들여다보기

학문을 비롯해 가치 있는 모든 일에 대한 경지를 잘 보여주는 말입니다. 단순히 아는 것보다는 좋아하는 것이 더 높은 경지입니다. 좋아하는 것보다는 그것을 즐기는 것이 그 도를 얻은 것이라고 할 수 있습니다.

춤을 예로 든다면 춤추는 방법을 아는 것보다는 춤추는 것을 좋아하는 것이, 좋아하는 것보다는 춤 자체가 되어 즐기는 것이 더 높은 경지입니다. 무엇을 제대로 하려거든 그것 자체가 되어 즐겨야 합니다. 좋아하는 대상과 경계 없이 하나 되는 것이 삶을 제대로 즐기는 방법입니다.

우리의 삶도 그렇지 않을까요? '삶이란 이런 것이다'라고 그저 아는 것보다는 삶을 좋아하는 것이 낫습니다. 그리고 삶을 좋아하는 것보다는 삶을 즐기는 것이 더 낫습니다.

행복하게 사는 방법이 하나 있습니다. 그것은 내 삶을 한 편의 드라마 감상하듯 즐기는 것입니다. 나쁜 일이 있으면 지나치게 슬퍼하지 말고 드라마에서 갈등이 고조되는 것처럼 점점 흥미진진해진다고 생각해 볼 수 있습니다. 좋은 일에도 지나치게 기뻐하지 말고 조금은 담담하게 다음 이야기를 지켜보면서 즐겨보면 어떨까요?

# 14

不憤不啓; 不悱不發;

擧一隅, 不以三隅反, 則不復也.

나는 배우려는 자가 스스로 분발하지 않으면

일깨워주지 않는다.

스스로 표현하려고 애쓰지 않으면

밝혀주지 않는다.

한 모퉁이를 들어주었는데 세 모퉁이를 깨닫지 못하면

다시 알려주지 않는다.

《논어》,〈술이〉

# 고전 들여다보기

배우는 사람은 스스로 구해야 합니다. 남이 시키거나 자기 생각 없이 억지로 끌려 다녀서는 진정한 깨달음을 얻을 수 없습니다. 달마는 팔을 자르는 혜가의 분발심을 보고 제자로 받아들였습니다. 공자도 배우려고 하는 자가 스스로 알려고 노력해야 함을 강조합니다.

분(憤)이라는 것은 '마음과 힘을 다한다', '발분하여 노력하는 데 힘이 미치지 못하는 것'을 의미합니다. 스스로 하려고 몸부림치는 데 힘이 조금 부족할 때 스승의 가르침이 결정적인 도움이 될 수 있습니다. 배움은 배우는 사람의 노력이 우선되어야 합니다.

가장 가르치기 힘든 사람은 스스로 생각하지 않고 묻기만 하는 사람입니다. 어린아이도 '이건 뭐야? 저건 뭐야? 그건 왜 그래?'하고 묻다가 한두 가지를 일러주면 스스로 생각하면서 정리합니다.

머릿속으로 생각하지 않고 무턱대고 물어보기만 하는 사람은 스스로 깨우치려는 의지가 없는 사람입니다. 스승들은 그런 제자에게는 가르침을 주지 않습니다. 물고기를 한 마리, 두 마리 필요할 때마다 잡아줘 봐야 결국 스스로 잡는 법을 깨우칠 의지가 없기 때문입니다.

질문은 자기 생각을 확장하기 위해 하는 것이지, 답을 구하기 위해 하는 것이 아닙니다. 똑같은 가르침을 들어도 방법을 알기 위해, 깨달음을 위해 몸부림치는 사람이 크게 깨우칠 수 있습니다. 지금 스스로 몸부림치면서 배우려고 하는 것이 있나요?

# 15

發憤忘食, 樂以忘憂,

不知老之將至云爾.


배움을 위해 분발할 때는 먹는 것을 잊고

즐거워 모든 근심을 잊으며

늙어가는 것조차 알지 못한다.

《논어》, <술이>

# 고전 들여다보기

초나라의 섭공이라는 사람이 공자의 제자 자로에게 스승의 사람됨을 물었습니다. 자로는 대답하지 않았는데 공자가 이 일을 알고 자로에게 말한 내용입니다.

그는 자신에 대해 학문을 좋아하여 먹는 것, 근심하는 것, 심지어는 늙어가는 것도 잊고 완전히 몰입한다고 합니다. 이 말은 자기 자랑이 아닙니다. 자신과 같이 학문을 좋아하고 즐기는 태도를 가지라는 당부입니다. 학문하는 정신에 대해 알려주는 것입니다.

학교에서 정해진 틀 안에서 하는 공부는 재미가 없습니다. 항상 시간에 쫓기고 평가를 받아야 하기 때문입니다. 배운 것을 천천히 곱씹고 연결하는 과정이라기보다 지식을 억지로 욱여넣는 과정이기 때문입니다. 물론 이 과정에서 재미를 느끼는 사람도 있겠지만 그렇게 많지는 않은 것 같습니다.

성인이 되어 흥미와 필요에 따라 선택한 공부는 재미있습니다. 관련된 분야의 책을 여러 권 연결해서 읽으면서 지식이 확장되고 연결되면서 깨달음을 얻을 수 있습니다. 스스로 선택한 공부에 몰입하면서 얻는 축적의 기쁨, 깨달음의 환희는 무엇보다 큽니다.

평생 몰입해서 공부하고 싶은 것은 무엇인가요? 아직 찾지 못했다면 다양한 분야의 책을 읽고 강의를 들으면서 찾아보세요. 진짜 공부가 시작됩니다.

# 16

我非生而知之者

好古, 敏以求之者也.

나는 나면서부터 아는 사람이 아니다.

옛것을 좋아하여 민첩하게 그것을 구하는 사람일 뿐이다.

《논어》,〈술이〉

溫故而知新, 可以爲師矣.

옛것을 익히고 새것을 알면 스승이 될 만하다.

# 고전 들여다보기

태어나면서부터 모든 것을 아는 사람은 없습니다. 배워야 합니다. 소위 말하는 천재들도 끊임없는 배움과 노력을 통해 자신의 잠재력을 발현해 나가는 것입니다. 자신의 재주만 믿고 배움을 멈추고 고여 있는 사람은 썩기 마련입니다.

민(敏)은 '재빠르게 서두르는 것', '민첩하게 노력하고 힘쓰는 것'을 말합니다. 공자는 먼저 학문을 닦은 옛사람들의 깨달음을 좋아하여 누구보다 민첩하게 그것을 구하여 배웠습니다. 여기서 '구한다'는 것은 '정보를 입수한다'는 의미도 있지만 '스스로 깊이 탐구하고 사색한다'는 뜻도 있습니다.

인터넷을 통해 누구에게나 지식이 공유되는 세상입니다. 포털 사이트에서 클릭 몇 번만 하면 어지간한 정보는 대부분 구할 수 있습니다. 유명 대학의 강의도 무료로 공개된 것이 많습니다. 그러면 모든 사람이 지식에서 동등해진 것일까요?

지식이 과도하게 공유될수록 지식의 격차는 오히려 더 커질 수 있습니다. 자기만의 철학과 관점을 가진 사람은 수많은 정보에서 옥석을 가려냅니다. 자기에게 필요한 것을 편집하고 연결해서 새로운 지식을 생산할 수 있습니다. 지식 생산자가 됩니다. 하지만 그렇지 않은 사람은 그저 지식의 소비자에 머무를 수 있습니다.

애써 탐구하고 스스로 생각하지 않으면 남들의 생각에 끌려가게 됩니다.

# 17

文, 莫吾猶人也;

躬行君子, 則吾未之有得.

학문은 나도 다른 사람과 같을 수 있겠지만
성인의 도를 몸소 행하는 것은 내가 아직 얻지 못했다.

《논어》, <술이>

# 고전 들여다보기

공자는 배우는 것과 궁리하는 것, 그리고 그것을 전하기를 좋아했습니다. 그래서 학문이나 지식적인 면에서는 자신도 다른 사람들과 버금갈 수 있다고 했습니다. 하지만 중요한 것은 실천입니다. 아는 것, 배운 것을 삶 속에서 그대로 실천하는 것은 공자 자신도 부족하다고 말합니다.

사실 공자는 자신의 이상을 펼치기 위해 곤궁함을 마다하지 않고 철환천하(轍環天下, 수레를 타고 천하를 다니며 제후들에게 유세함) 했습니다. 비록 정치적인 이상을 실현하지는 못했지만 의연하게 자신의 아는 바를 실천하는 정신은 높게 살 수 있습니다.

아는 것의 실천을 위해 필요한 것은 무엇일까요? 뛰어난 현실 인식, 실천력, 가용한 자원 등 많은 것을 들 수 있겠지만 무엇보다 용기가 중요합니다. 용기가 없으면 작은 저항에도 흔들리기 때문입니다.

어떤 일에도 저항은 있습니다. 외부의 저항은 다양한 형태로 옵니다. 불특정 다수가 나를 공격할 수도 있고 사랑하는 가족이 내 생각에 반대할 수도 있습니다. 내부의 저항은 조금 더 은밀하고 교묘합니다. '굳이 이렇게 해야 할까? 이렇게 하지 않아도 아무도 뭐라 하지 않는데'와 같은 생각이 들면서 안에서부터 스스로 조금씩 무너집니다.

# 18

君子求諸己,

小人求諸人.

군자는 자신에게 요구하고
소인은 남에게 요구한다.

《논어》, <위령공>

# 고전 들여다보기

속이 꽉 찬 사람은 크고 작은 모든 일을 자신이 책임지려는 태도를 갖습니다. 일이 어그러지거나 뜻하는 대로 되지 않을 때 무엇을 놓쳤는지, 부족한 점이 무엇이었는지 자신에게 물어봅니다. 그리고 자기의 부족한 점을 보완하기 위해 노력하는 데에 시간과 에너지를 집중합니다. 그러면서 성장하고 발전합니다.

하지만 그릇이 작은 사람은 그와 반대입니다. 어떤 문제가 생기면 남 탓하기 바쁩니다. '이건 누구 때문이다', '이건 그때 누가 이렇게 말해서 그렇다'고 책임을 다른 사람에게 넘깁니다. 남을 비난하는 데에 에너지를 쏟다 보니 발전이 없습니다.

눈앞의 현실은 모두 내 생각의 반영입니다. 생각을 바꿔야 말과 행동이 바뀝니다. 말과 행동을 바꾸면 운이 달라지고 운이 달라지면 현실에 변화가 생깁니다.

하지만 우리는 대부분 남 탓하는 데 익숙해져 있습니다. 신기하게도 아이들이 서로 다툴 때 하는 말을 들어보면 "이건 네 탓이야.", "네가 먼저 그랬잖아."와 같이 문제의 원인을 남에게 돌리는 말이 대부분입니다. 어른들이 말하는 것을 보고 배운 것 아닐까요?

크고 작은 모든 일에 대해 다른 사람을 탓하고 남에게 무언가를 요구하면 바뀌는 것은 아무것도 없습니다. 문제가 있다면 성장의 기회라 생각하고 자신 안에 어떤 면이 이런 결과를 낳았는지 생각해 보면 어떨까요?

# 19

飽食終日,

無所用心, 難矣哉.

종일토록 배불리 먹기만 하고
어떤 일에도 마음 쓰지 않으면 큰일을 하기 어렵다.

《논어》, <양화>

# 고전 들여다보기

몸은 소중합니다. 먹고 살아야 합니다. 하지만 사람은 육신을 유지하기 위해서만 살아가는 존재가 아닙니다. 우리는 배움을 통해 성장하고 꿈과 이상을 실현하기 위해 태어났습니다. 몸은 내 꿈을 실현하기 위한 도구입니다. 그 목적에 맞게 고장 나지 않게 잘 가꿔야 합니다. 그것만큼 아니 그보다 더 중요한 것은 꿈을 위해, 자기 성장을 위해 마음의 에너지를 활용하는 것입니다. 그것이 용심(用心)입니다.

공자는 특히 배움을 강조했습니다. 배불리 먹기만 하고 아무것도 배우지 않고 스스로 생각하지 않는 사람은 큰일을 하기 어렵다고 하면서 게으름을 경계합니다.

어떤 것에도 마음 쓰지 않고 몸을 잘 돌봐야 하는 시기도 필요합니다. 건강이 무너졌거나 새로운 일을 하기 전에 잠시 휴식이 필요할 때가 있습니다. 하지만 자기가 가진 모든 시간과 에너지를 먹고 즐기는 데에만 쓰면서 가치 있는 일을 아무것도 하지 않는 사람이 있다고 생각해 보세요. 그것은 인간의 삶이라기보다는 인간이라는 동물의 삶입니다.

인간은 성장하기 위해 태어났습니다. 끊임없이 성장하고 발전하는 것이 인간적인 삶입니다. 따라서 가치 있는 일이란 자신의 성장과 사회의 발전을 위한 일입니다. 내 마음을 내던져두지 말고 인간적인 삶을 위해 쓰도록 붙잡아보세요.

*Chapter II*

일어날 일이 합당하게 일어난다

마르쿠스 아우렐리우스 *Marcus Aurelius Antoninus*

마르쿠스 아우렐리우스(Marcus Aurelius, 121~180)는 로마 제국의 16대 황제입니다. 그는 로마 제국의 평화와 번영을 상징하는 오현제 시대의 마지막 황제이면서 개인적으로는 스토아 철학자였습니다. 그는 황제로서 외부 세력의 공격을 막아내기 위해 자주 전쟁터에서 시간을 보내야 했고 죽음도 전장에서 맞이했습니다. 그는 전쟁의 한가운데서 일기처럼 《명상록》을 썼고 이 속에 스토아 철학의 정수와 개인적 사유의 단편을 녹여냈습니다.

《명상록》은 어른의 철학입니다. 작품의 행간에서 삶의 현실에 좌절하거나 흔들리지 않는 굳건함이 느껴집니다. 아우렐리우스는 우리 눈앞에 일어나는 일은 합당한 이유가 있어서 일어나는 것이기 때문에 기꺼이 받아들이라고 말합니다. 그리고 항상 죽음을 생각하고 자연에 순응할 것을 이야기합니다. 정의, 진리, 절제, 용기와 같은 가치와 공동체의 이익을 강조합니다. 우주와 생명의 끊임없는 변화-생성과 소멸-을 관조하면 세상의 자잘한 일에 마음이 흔들릴 필요가 없다는 깨달음을 전합니다.

행복과 불행이라는 것은 현실 자체에서 오는 것이 아닙니다. 그것은 다만 현실에 대한 우리의 해석이고 의견입니다. 수용하는 삶에 대한 통찰을 주는 고전 중의 고전, 《명상록》을 만나보겠습니다.

# 20

사람의 행복은 자신에게 달려 있다.

하지만 그대가 자신을 존중하지 않고

그대의 행복을 타인에게서 찾는 동안

삶이 거의 끝나가는 것을 보라.


책을 멀리하라.

남의 의견 때문에 그대의 마음이 분산되고

들락날락하지 않게 하라.

*마르쿠스 아우렐리우스 《명상록》*

# 고전 들여다보기

인생은 짧습니다. 짧은 인생을 어떻게 살아야 할까요? 남의 의견에 지배당하거나 타인의 견해를 내 것인 양 앵무새처럼 반복해 말하는 것은 아무런 의미가 없습니다. 타인의 생각이나 평가에서 벗어나야 합니다. 눈치를 보지 않아야 합니다. 건강한 공동체의 이익에서 벗어나지 않는 한도 내에서 자유로워져야 합니다.

그렇지 않고 평판에 의존하고 내 행복을 타인의 입에서 구하는 것은 자신을 존중하는 태도가 아닙니다. 지나치게 책에 의존하는 것도 문제가 있습니다. 책이라는 것은 결국 누군가의 의견이고 그것은 참고로만 삼아야지, 내 생각이 없이 그것에 끌려만 가는 것은 시간과 정신력을 낭비하는 일입니다.

책을 멀리하라고 말하는 사람들은 사실 하나같이 모두 엄청난 독서가입니다. 자신들은 수많은 책을 읽었으면서 왜 책을 멀리하라고 할까요? 다독에만 빠지면 자기 생각을 잃을 수 있기 때문입니다.

책을 읽는 목적을 생각해 보세요. 책을 읽으면서 저자의 지식, 경험, 깨달음을 얻어 내 성장의 밑거름으로 써야 합니다. 그런데 책을 읽고 자기만의 방식으로 소화하는 시간이 없으면 지식이 금세 새어나가고 남는 것이 없습니다. 그러면 독서도 무료한 시간을 보내는 일종의 오락거리 중 하나가 되어 버리고 맙니다.

# 21

당장이라도 이 삶을 떠날 수 있는 사람처럼 살아라.

촛불은 꺼질 때까지 밝게 빛을 내뿜는다.

*마르쿠스 아우렐리우스《명상록》*

# 고전 들여다보기

삶은 영원하지 않습니다. 당장 세상을 떠날 수 있는 사람처럼 행동하고 말하고 생각하는 것은 삶에 충실하지 않거나 무책임한 태도가 아닙니다. 오히려 무엇보다 삶이 소중하기 때문에 얽매이지 않는 것입니다. 집착은 두려움에서 비롯됩니다. 무엇인가를 잃을지도 모른다는 두려움은 불편함을 낳습니다. 두려움은 나를 옭아맵니다. 당장 훌훌 털고 떠나도 미련이 없을 만큼 삶에 최선을 다하고 나답게 살아가야 합니다. 마지막 순간까지 나답게 빛을 내야 합니다. '나답다'라는 것은 그저 나 좋은 대로 편하게 지내는 것을 의미하지는 않습니다.

삶에서 중요한 부분을 차지하는 일, 관계, 꿈 3가지 측면을 생각해 볼까요? 나답게 일한다는 것은 내가 좋아하고 가치 있다고 생각하는 일을 하는 것입니다. 그런 일을 하면 일하면서 지치기보다 오히려 에너지를 얻습니다. 아무리 많은 돈을 버는 일이라고 해도 가치를 느낄 수 없고 좋아하지 않는 일이라면 계속하지 않는 것이 현명합니다.

나답게 관계를 맺는다는 것은 모든 사람에게 사랑받으려 애쓰지 않는 것입니다. 모든 사람은 불완전합니다. 불완전한 타인에게 사랑받으려 아무리 애써도 각자의 취향이 다르니 모두에게 사랑받는 것은 불가능합니다.

나답게 꿈꾼다는 것은 내 꿈은 스스로 판단하는 것입니다. 친한 친구나 권위 있는 스승 등 그 누가 반대한다 해도 내면에서 요청하는 것이라면 결코 꿈을 포기하지 마세요.

# 22

남들에 대한 생각으로

그대의 시간을 낭비하지 마라.

공익과 무관하고

정작 그대가 해야 하는

다른 좋은 일에 방해되는 생각은 하지 마라.

마르쿠스 아우렐리우스《명상록》

# 고전 들여다보기

타인에 대한 배려와 예속은 다릅니다. 배려는 타인에 대한 사랑을 바탕으로 남을 생각하고 마음 쓰는 것입니다. 이기심이나 두려움에서 비롯된 것이 아니라 온전한 사랑에서 나오는 것입니다. 평등한 관계입니다. 반면 예속은 힘의 불균형과 두려움이 전제된 말입니다. 타인에게 내 생각, 말과 행동이 매인 것입니다.

예속되면 내 생각이 온통 밖으로 분산됩니다. 내면의 목소리를 듣지 못하고 정말 내가 해야 할 일에 집중할 수 없습니다. 남들을 생각하느라 삶을 허비하는 것입니다.

자기 자신에게 집중하면서 내면과 대화하는 시간을 늘려보세요. 남들에 대해 생각하는 시간은 지금보다 훨씬 더 적게 가져도 됩니다. 다른 사람에 대해 아무리 생각해도 상대의 생각이나 취향이 내 입맛에 맞게 바뀌지 않습니다. 상대가 내 마음을 100% 알아줄 수도 없고 서운한 감정을 알아차리는 것도 거의 불가능합니다.

그 시간에 내면과 대화하면서 자신을 바꾸는 것이 더 현명합니다. 남들의 생각, 의견은 잊어버리고 지금 내가 정말 꼭 해야 할 일이 무엇인지 적어보세요. 내가 시간을 들여 해야 하는 일은 무엇인가요?

# 23

진정한 철학자는

죽음이 생명을 이루는 원소의 해체 외에

다른 아무것도 아니라 여기고

무엇보다도 죽음을 순순히 즐거운 마음으로 기다린다.


죽을 각오가 된 사람처럼

그대의 살덩이를 가볍게 여겨라.

육신은 피, 뼈, 그리고 신경, 정맥, 동맥으로

잘 짜인 조직에 지나지 않는다.

*마르쿠스 아우렐리우스《명상록》*

# 고전 들여다보기

스토아 철학에서는 진짜 철학자와 가짜 철학자를 구분하는 기준이 있습니다. 바로 '죽음 앞에서 어떤 태도를 보이느냐'입니다. 철학자라면 죽음에 대해 명확하게 정의하고 초연해야 합니다.

아우렐리우스 황제는 죽음에 대해 몸을 구성하는 요소들의 해체에 불과한 것으로 정의합니다. 그러니 딱히 슬퍼할 것도 없습니다. 자연스럽게 흘러가는 것입니다. 구성요소들의 모임으로 삶이 시작되고 흩어짐으로 삶이 끝납니다. 인생은 모임과 흩어짐의 연속입니다.

육신에 대해 아예 무시해 버리라는 말이 너무 심하다고 생각할 수도 있습니다. 하지만 죽음에 대한 아우렐리우스의 견해에 동의한다면 최소한 육체에 지나치게 집착하지는 말아야겠습니다. 죽음의 실체는 무엇일까요? 많은 이들이 죽음에 대해 말하지만 영혼의 존재 여부를 기준으로 크게 2가지 견해로 나누어 볼 수 있습니다. 하나는 인간은 뼈와 살, 피와 같은 물질로 구성된 존재로 영혼과 같은 것은 없으며 사람이 죽으면 몸을 구성했던 물질이 흩어지면서 자연으로 돌아간다는 것입니다. 이 관점에서 죽음은 완전한 소멸입니다.

다른 견해는 인간에게는 영혼이 있고 이 영혼은 죽음 후에 육체와 분리되어 다른 세상에서 다른 방식으로 존재한다는 것입니다. 영혼이 살아가는 곳을 천국과 지옥, 다른 차원, 혹은 다른 은하 외계 등으로 말하기도 합니다. 이 관점에서 죽음은 끝이 아니라 우리 본래 자아가 존재하는 방식의 전환입니다.

# 24

스스로 마음에 생기를 불어넣고
똑바로 서라.

다른 사람의 도움이나 존재에 기대지 말고
외부에서 주어지는 평온을 바라지 마라.

사람은 스스로 똑바로 서야 하지
남에 의해 바로 세워져서는 안 된다.

마르쿠스 아우렐리우스《명상록》

# 고전 들여다보기

행복을 내 안에서 구하면 충만해집니다. 반대로 행복을 남에게서 구하면 점점 더 멀어집니다. 왜냐하면 남은 내가 통제할 수 없기 때문입니다. 내 마음도 통제하기 힘든 것은 마찬가지지만 훈련을 통해 다잡아 갈 수 있습니다. 글을 쓰거나 명상을 하거나 좋은 글을 읽으면서 꾸준히 나와의 대화를 시도한다면 편안함을 얻을 수 있습니다.

먼저 스스로 똑바로 서야 합니다. 타인에게서 내 행복, 편안함을 구하려고 하면 흔들립니다. 사랑에 빠졌을 때 연인의 말 한마디, 눈짓 하나에 마음이 천당과 지옥을 오가는 것을 생각해보세요.

평온함은 자기 내면에서 스스로 찾아야 합니다. 외부에 의존하는 한 진정한 평온함을 얻기 힘듭니다. 특히 자기에 대한 판단을 남에게 맡기면 마음의 평온함은 멀어집니다. 스스로 똑바로 선다는 것은 판단의 기준이 내 안에 있다는 것입니다. 판단의 주도권을 내가 쥐고 있으면 다른 사람이 나를 평가하는 말에 흔들리지 않습니다. 남들의 평가는 참고하되 그것에 너무 민감하게 반응하지 마세요.

자기의 판단 기준에 비춰 당당하다면 그 누구 앞에서도 주눅 들 필요 없습니다. 다만, 내가 가진 판단 기준이 올바른 것인지는 검증해야 합니다.

# 25

우주에서 일어나는 모든 일은 정당하게 일어난다.

그대에게 펼쳐지는 모든 일은 우주가
처음부터 그대를 위해 계획하고 예정한 것이다.

인생은 짧다.
지금 이 순간에 깃든 우주의 계획을 깨닫고
무언가를 얻으려 한다면
신중하고 올바른 노력을 기울여야만 한다.

이 순간에 냉철하게 깨어 있되
긴장하지 말고 즐겨라.

마르쿠스 아우렐리우스 《명상록》

# 고전 들여다보기

일어나는 일에는 모두 이유가 있습니다. 그것을 인과율이라고 하든, 카르마라고 하든, 우리가 100% 이해하지 못하는 어떤 이유로 정당하게 일어나는 것입니다. 이 견해를 받아들일때 눈앞에 현상에 어떤 태도를 취해야 할까요?

그것은 온전히 받아들이는 것입니다. 정해놓고 펼쳐지는 이 일에 지나치게 분개하고 슬퍼하고 기뻐하지 말고 담담하게 받아들이면 됩니다. 인간으로서 해야 할 일, 내가 옳다고 믿는 나다운 일을 하면서 그 결과에 대해서는 내맡기는 것입니다.

모든 일의 인과관계를 우리가 이해할 수 있을까요? 삶에서 펼쳐지는 사건은 수학 공식처럼 단순하지 않습니다. 복잡합니다. 한두 가지 변수를 안다고 해서 결과값을 예측할 수 있는 것도 아닙니다.

'왜 내가 이런 일을 겪어야 하지, 내가 무슨 잘못을 했다고' 하며 괴로워해도 바뀌는 것은 없습니다. 무슨 잘못을 했기 때문에 그것이 원인이 되어 결과적으로 어떤 경험을 하는 것이라고 그 누구도 말할 수 없습니다. 알 수 없는 것입니다.

어떤 경험이라도 '배움과 성장'의 관점에서 보면 나에게 나쁜 것이라고 말할 수 없습니다. 기쁨을 주는 경험이든 슬픔을 주는 경험이든 그것을 통해 배우고 성장할 수 있습니다.

# 26

그대는 마땅히 곶처럼 되어라.
곶은 당당히 서서 끊임없이 부딪혀
오는 파도를 잠재워 버린다.

마르쿠스 아우렐리우스 《명상록》

# 고전 들여다보기

'곶'은 바다 방향으로 마치 새의 부리처럼 뾰족하게 뻗어 있는 땅을 가리킵니다. 곶은 튀어나와 있으니 끊임없는 몰아치는 파도에 시달릴 수밖에 없습니다. 인간이라는 존재 자체가 '곶'이 아닐까요? 흩어져 있어도 그만인 원소들이 어떤 의지로 단단하게 뭉쳐져 있습니다. 적당히 동물처럼 살아가도 되는데 이성, 도구, 손을 활용해서 자연을 조금씩 극복해갑니다.

삶은 기본적으로 투쟁의 과정입니다. 내 생각과 의견에는 반드시 반대하는 의견이 있습니다. 끓어오르는 바닷물에 휩쓸리면 자신을 지킬 수 없습니다. 때로는 당당하게 꿋꿋이 버텨야 합니다.

주변 사람들과 대립하면서 항상 꿋꿋이 버텨야 하는 것이 능사는 아닙니다. 실제 일상생활에서는 주변 사람들과 부드럽게 어울려야 할 때가 더 많습니다. 가치관이 충돌하거나 올바르다고 생각하는 신념을 굽혀야 하는 상황이 아니라면 남들과 조화를 이루는 것이 더 소중한 가치입니다. 그리 중요하지 않은 일에는 자신을 낮추고 사람들의 의견을 적극적으로 지지하고 따르는 것도 좋습니다. 크고 작은 일에 모두 나를 앞세우면서 투쟁하면 누구보다도 자신이 피곤합니다.

당당하게 버티고 설 때와 주변과 부드럽게 어울려야 할 때를 구분하는 지혜가 필요합니다.

# 27

가장 좋은 복수 방법은
상대처럼 되지 않는 것이다.

*마르쿠스 아우렐리우스《명상록》*

# 고전 들여다보기

진정한 복수는 용서입니다. 나에게 잘못한 상대와 똑같은 방법으로 복수하면 나도 그와 같은 사람이 됩니다. 나를 잃는 일이기에 괴롭습니다. 원래의 나라면 그렇게 생각하고 행동하지 않았을 텐데 타인의 어떤 행위 때문에 부자연스러운 반응을 하고 그 과정에서 나다움이 사라집니다.

용서는 건강한 이기심입니다. 상대의 입장에서 이해하고 용서하면서 격한 감정에 휩싸였던 나를 되찾고 평온해집니다. 도저히 이해되지 않아도 현실을 받아들이고 복수의 감정을 인정하고 흘려보내는 것이 내가 사는 길입니다.

적과 같은 사람이 되는 것은 복수가 아니라 나를 잃고 휘둘리는 것입니다. 나의 리듬대로 사는 것이 아니라 상대의 리듬에 끌려가는 것입니다. 나는 나답게 살아야 합니다. 누군가가 나를 붙잡고 이리저리 흔들어도 흔들리지 않는 것이 가장 좋은 복수입니다.

'눈에는 눈', '이에는 이'라는 식으로 복수하고 벌주는 것은 동물적인 방식입니다. 나에게 해를 입힌 상대는 어두움에 빠져 있습니다. 그 사람이 왜 나에게 해를 끼쳤는지 그 동기를 살펴보세요. 그 동기는 대부분 두려움에서 비롯된 질투, 분노, 이기심, 인정욕구와 같은 것입니다. 자기 본래 모습인 사랑에서 멀어져 다른 사람에게 해를 끼치며 괴로워하고 있는 사람을 따라 할 필요 없습니다. 나에게 해를 입힌 상대에게 똑같은 방식으로 복수하면 부정적인 감정만 체험하게 됩니다.

# 28

지금 그대가 할 수 없거나 하기 힘든 일이라고
모든 인간에게 불가능한 것이라 생각하지 마라.

누군가에게 가능하고 올바른 일이라면
그대도 반드시 해낼 수 있는 것이다.

마르쿠스 아우렐리우스《명상록》

# 고전 들여다보기

누군가가 해낸 일은 나도 할 수 있습니다. 노력하고 집중해서 해낼 수 있는 일은 어려울 뿐이지 불가능한 것이 아닙니다. 노력이 부족한 것이지 안 되는 것이 아닙니다. 누군가가 해냈다는 것이 이 사실을 증명합니다. 현재 상태는 한계가 아닙니다. 현재 상태는 지금까지 내 선택의 결과일 뿐입니다. 지금 내가 어떤 선택을 하느냐에 따라 미래가 달라질 수 있습니다. 원하는 것이 있다면, 그리고 그것을 누군가가 해낸 사례가 있다면, 지레 겁먹지 말고 나도 해낼 수 있다고 생각하고 그저 실천하면 됩니다.

대부분의 일은 되는 방법을 알고 실행하면 해낼 수 있습니다. 하고 싶은 것이 있다면 그것을 해낸 사람을 통해 핵심적인 지식과 기술을 얻으면 됩니다. 그런 지식과 기술은 그를 직접 만나거나, 그 사람이 제공하는 콘텐츠 - 책, 블로그 글, 인터뷰 기사, 유튜브 등 -를 통해서 얻을 수 있습니다.

방법은 거의 다 알려져 있습니다. 성공한 사람들은 자기 경험을 나눠주는 것에 인색하지 않습니다. 문제는 실천입니다. '이렇게 하면 이 분야에서 성공할 수 있다'고 방법을 알려줘도 실천하지 않으면, 스쳐 지나가는 수많은 정보 중 하나가 될 뿐입니다.

힘들다고 생각했던 일을 시작해 보면 생각보다 쉽다는 것을 알 수 있습니다. 우리는 두려움 때문에 주저하고 스스로 나의 한계선을 긋고 있는 것인지도 모릅니다.

# 29

어떤 사람과 함께할 것인지

결정하는 것은 그대의 몫이다.

*마르쿠스 아우렐리우스《명상록》*

# 고전 들여다보기

내 주변의 인물들은 나를 보여주는 거울입니다. 내 주변에 부정적인 생각과 말을 일삼는 사람이 있다면 내 안에 그런 부정적인 신념이 있는 것입니다. 반대로 긍정적으로 생각하고 말하는 사람이 많다면 내가 그런 사람과 함께 하기로 결정한 것입니다.

눈앞의 모든 현실은 모두 내 마음의 드러남입니다. 주변의 사람도 마찬가지입니다. 그러니 남 탓을 해서는 안 됩니다. 그것은 결국 자신을 욕하고 있는 것입니다. 모든 것에는 내 책임이 있습니다. 내가 평소에 생각하고 말하고 행동하는 것에 따라 나와 관계 맺는 사람들이 달라집니다.

좋은 관계는 끌어들일 수 있습니다. 내 생각과 신념이 얼마나 강렬한가에 따라 그 관계가 만들어지는 데 걸리는 시간이 달라집니다. 만나는 사람의 수준이 달라집니다.

주변 사람을 변하게 하려는 시도는 무의미합니다. 각자의 개성과 인격이 있는데 그 사람들을 변화시키려 해봐야 아무것도 얻을 수 없습니다. 물론 어떤 상황에서 오해가 없도록 하거나 서로 간에 이해를 높이기 위해 충분한 소통은 필요합니다. 하지만 상대의 본질적인 부분 - 성격, 취향 등 -을 바꾸기는 불가능합니다.

내가 변하는 것이 우선입니다. 내 생각을 바꾸고 말을 바꾸고 달라진 태도로 사람들을 대하면 자연스레 어떤 사람들은 가까워지고 어떤 사람들은 멀어지면서 곁에 맞는 사람들이 걸러집니다.

# 30

누군가가 그대에게 말할 때

다른 생각에 정신을 뺏기지 말고

그의 영혼과 하나 되어 귀 기울여 들어라.

*마르쿠스 아우렐리우스《명상록》*

# 고전 들여다보기

역지사지(易地思之)라는 말이 있습니다. '타인과 나의 처지를 바꿔서 생각하여 본다'는 뜻입니다. 타인과 내 입장을 바꾸어 생각해보면 도무지 이해하지 못할 일은 없습니다. '어떻게 네가 그럴 수 있는지'라는 것도 없습니다. 정도의 차이는 있을지 몰라도 '네 입장이면 그럴 수 있겠다'고 이해할 수 있습니다.

심리 상담 기법 중에 역할극이라는 것이 있습니다. 경험했던 사건을 현재 상황에서 타인의 입장이 되어 재경험함으로써 치료 하는 방식입니다. 그 과정을 통해 상대의 감정과 말, 행동을 깊이 이해할 수 있습니다. 이해가 되면 풀립니다. 경청하고 공감하면 다툴 일이 없어집니다.

상대가 말할 때 그것에 집중하는 것이 생각보다 쉬운 일이 아닙니다. 그 이유 중 하나는 공감보다는 어떤 해결책을 주려고 하기 때문입니다. 남의 말을 들으면서 그 문제에 대해 그럴싸한 해결책을 바로 던져주려고 하면 머릿속에서 다른 생각을 하게 됩니다.

상대와 대화할 때는 없는 지혜를 쥐어짜서 답을 던져주려 하지 말고 100% 공감하면서 귀 기울여 듣는 것이 우선입니다. 불완전한 정보를 바탕으로 던져주는 해결책은 아무런 도움이 되지 못하는 경우가 많습니다. 해결책은 그 상대의 마음이 충분히 풀리고 나면 스스로 생각해낼 수 있습니다.

# 31

새로운 삶의 시작은 그대에게 달려 있다.

세상의 모든 사물을 다시 새롭게 보아라.

그것이 바로 그대만의 삶을 시작하는 방법이다.

*마르쿠스 아우렐리우스 《명상록》*

# 고전 들여다보기

어제와 같은 시각으로 사물을 바라보면 달라지는 것은 없습니다. 새로운 삶은 새로운 관점을 선택하는 것에서 시작합니다. '코로나로 놀러 가지도 못하고 답답하다'라는 생각에 갇혀 있으면 세상이 원망스럽습니다. 하지만 현실을 있는 그대로 수용하고 '집에 있는 시간이 많아지면서 가족들과 대화할 시간이 늘어서 좋다'고 관점을 바꾸면 가족과 함께 있는 시간이 답답하지 않고 행복합니다.

사물에 대한 새로운 해석이 변화의 시작입니다. 세상이 바뀌는 것이 아니라 내가 바뀌는 것입니다. 내가 다른 시선으로 세상을 바라보는 것이 새로운 삶의 시작입니다.

익숙한 환경 속에서 비슷한 행동을 반복하면 생각이라는 것을 할 여지가 없습니다. 생각하는 기능이 조금씩 마비됩니다. 그런데 우리는 이런 익숙함을 즐깁니다. 낯섦 속에 자신을 내던지는 것을 두려워합니다.

하지만 이렇게 익숙함에만 빠져 있으면 새로운 삶을 시작할 수 없습니다. 지금 상황이 충분히 만족스럽다면 머물러 있으면서 충분히 즐겨도 됩니다. 하지만 변화를 바란다면 새로운 관점으로 세상을 바라볼 수 있도록 낯선 상황에 자신을 노출해야 합니다. 독서, 여행, 관점이 다른 사람과의 대화 등 낯섦을 적극적으로 찾아 나서보면 어떨까요?

# 32

누군가가 잘못을 저지를 때

그가 무엇을 선으로

무엇을 악으로 여기고 있는지 생각해보라.


그것을 알고 나면

애석한 마음이 들어 놀라거나 화나지 않을 것이다.

*마르쿠스 아우렐리우스 《명상록》*

# 고전 들여다보기

사람들은 고정관념에 갇혀 살아갑니다. 고정관념은 부모님을 비롯한 가족, 친구, 선생님 등에게 영향을 받아 무의식중에 형성됩니다. 그리고 나의 경험을 통해 그 고정관념은 점점 더 단단해집니다. 무엇이 좋은 것인지, 무엇이 나쁜 것인지 하는 판단 기준도 마찬가지입니다.

누군가가 나에게 어떤 잘못을 저질렀을 때 그가 무엇을 좋은 것으로, 무엇을 나쁜 것으로 여겼는지 생각해보면 그 사람의 고정관념을 유추해낼 수 있습니다. 그런데 이 고정관념은 대부분 편견에 사로잡혀 있거나 유치한 경우가 많습니다. 그 실체가 초라한 것이지요. 상대의 고정관념을 꿰뚫어보세요. 그런 관념 속에서 허우적거리고 있는 상대를 생각하면 불쌍하다는 생각이 들 수 있습니다.

나에게는 어떤 고정관념이 있나요? 인간관계, 경제, 가족, 일, 건강, 사랑 등 삶의 다양한 측면에 대한 내 고정관념을 곰곰이 생각해 보세요. 무엇을 선이라고 규정하고, 무엇을 악이라고 규정하고 있나요?

고정관념이 모두 나쁜 것은 아닙니다. '거짓말을 하면 안 된다', '사람은 겸손해야 한다', '이웃에게 베풀어야 한다'와 같이 사람들과 함께 건강하게 어울려 살아가기 위해 필요한 것도 많습니다.

하지만 '나는 흙수저를 물고 태어났으니 부자가 될 수 없어', '나는 역시 ~~을 못해', '여자(남자)는 ~~해야 해'와 같이 어떤 고정관념은 우리 의식에 한계를 만들고 불필요한 수치심을 강요해 성장에 방해가 되기도 합니다. 내가 가진 고정관념은 충분히 검증된 것인가요?

# 33

그대가 좋은 일을 하고

다른 사람이 그 선행으로 유익을 얻었으면 된 것이지

꼭 바보처럼 제3의 다른 것을 바라야 하겠는가?

마르쿠스 아우렐리우스《명상록》

# 고전 들여다보기

여기서 '제3의 다른 것'은 대가, 칭찬, 인정입니다. 인간에게 가장 원초적인 욕구 중 하나가 인정욕구입니다. 어떤 좋은 일을 하고 그에 대해 칭찬받고 인정받고 싶어 하는 마음이 드는 것은 자연스러운 현상이라고 할 수도 있습니다.

하지만 정신이 건강한 사람은 남들의 판단에서 자유롭습니다. 비난하는 것에 마음을 뺏기지도 않고 칭찬이나 인정을 요구하지도 않습니다. 내가 좋은 일을 하고 상대가 그것을 무사히 받고 혜택을 누리면 되는 것이지, 거기에 어떤 인정이나 찬사는 바라지 않습니다.

남들의 평가는 무의미합니다. 자신의 평가가 의미 있는 것입니다.

기부나 선행을 하면서 드러내는 것을 모두 나쁘다고 할 필요는 없습니다. 자신을 드러내면서 선행을 하는 것은 때로 사회적으로 공감대를 형성하고 비슷한 행동을 촉발할 수도 있기 때문입니다. 최근 젊은 기업인들이 자신의 재산 절반을 기부하기로 약속하는 행동은 선행을 과시하거나 인정을 받기 위한 것만은 아닙니다. 고액 기부문화가 정착되도록 본보기가 되는 행동이기 때문에 이런 경우 선행은 오히려 널리 알려도 좋은 경우입니다.

# 34

삶의 여정에서 만나는 모든 장애물을
그대가 추구하는 목적과 행복을 위해 사용하라.

*마르쿠스 아우렐리우스《명상록》*

# 고전 들여다보기

살다 보면 뜻하지 않은 시련을 겪는 경우가 있습니다. 이런 시련을 대하는 태도에는 두 가지가 있습니다. 하나는 그런 상황을 저주하고 원망하면서 시간을 보내는 것입니다. 다른 하나는 시련을 내가 성장하는 원동력으로 삼고 더 큰 사람이 되기 위해 노력하는 것입니다. 물론 후자가 인생에서 많은 성취를 이루고 행복한 삶을 사는 사람들의 공통적인 태도입니다.

장애물이나 시련은 나를 성장하게 하는 질료입니다. 무엇이 장애물을 성장의 동력으로 만드는 것일까요? 그것은 바로 내 생각의 전환입니다. 어려운 상황이 닥치면 반가워해야 합니다. 이런 어려움을 극복하면서 더 큰 그릇이 될 수 있습니다. 성장하고 발전하는 기회가 되는 것입니다. 시련을 원망의 계기로만 삼지 말고 그를 통해 성장하려는 노력을 기울인다면 시련은 축복이 될 수 있습니다.

내 삶에는 어떤 시련이 있었나요? 그 시련을 어떻게 활용했나요? 시련을 배움의 기회로 삼고 잘 활용하면 더이상 고통이 아닙니다. 더 나아가는 데 디딤돌이 될 수 있습니다.

하지만 시련에 절망하고 부정적인 의식에 사로잡혀 헤매면 인생이 고통으로 가득해 보입니다. 삶을 배움의 기회로 보면 그 어떤 상황도 불완전하지 않습니다. 그 자체로 완벽합니다. 물론 힘들고 괴로울 수 있습니다. 하지만 관점을 바꾸면 고통이 반감될 수도 더 빨리 그것에서 벗어날 수도 있습니다.

# 35

그대가 올바르다고 생각하는 행위를 하지 않아 괴롭다면

괴로워하는 대신

왜 실행하기를 선택하지 않는가?

마르쿠스 아우렐리우스《명상록》

# 고전 들여다보기

'~해야 했던 건데'를 입에 달고 사는 사람들이 있습니다. 그들은 과거에 매몰되어 살아갑니다. 나에게 좋은 것을 행하지 않아서, 후회가 되고 괴롭다면 그것을 행하면 됩니다. 지금이라도 하면 되는 것이죠.

현재 후회만 하는 것은 과거의 후회스러운 모습에서 한 발짝도 앞으로 나아가지 못한 것입니다. 후회할 시간과 에너지로 자신의 탁월함을 발현하기 위해서 행동을 하는 것이 훨씬 낫습니다.

과거는 기억입니다. 기억은 허상입니다. 현재에 어떤 영향도 미치지 못합니다. 과거 행동의 결과로 현재가 힘들다고 생각할 수도 있지만, 조금만 생각을 달리해보면 현재 생각의 결과로 힘든 것입니다. 지금 당장 생각을 바꾸고 행동을 바꾸면 됩니다.

성공하는 사람들이 입을 모아 하는 말이 '일단 시작하라' 입니다. 우리가 올바르다고 생각하는 일, 꼭 해야겠다는 생각이 드는 일을 일단 시작하지 못하는 이유는 무엇일까요? 그냥 하면 되는데 왜 머뭇거리고 있을까요?

두려움 때문입니다. 실패에 대한 두려움, 실패했을 때 다른 사람들이 나에 대해 하는 평가에 대한 두려움, 익숙한 현재를 버리고 자신을 변화시켜야 한다는 두려움 등입니다. 이런 두려움이 아니라 어떤 경험을 하든 내가 성장할 수 있다는 기대를 가지면 바로 시작할 수 있지 않을까요?

# 36

높은 곳에서 세상을 내려다보라.
그리고 오래전 살다간 사람들과
장차 살아갈 사람들의 삶을 생각해보라.

높은 곳에서 지구상의 모든 사물,
인간사와 그 놀라운 변화를 내려다보면
모든 것이 공허하게 느껴질 것이다.

*마르쿠스 아우렐리우스 《명상록》*

# 고전 들여다보기

시각을 확장하는 방법이 있습니다. 하나는 공간을 확장해보는 것입니다. 높은 곳에 올라서서 아래를 내려다보면 땅바닥에 있을 때 엄청난 차이가 있어 보이던 것들이 비슷비슷해 보입니다. 키가 큰 사람이나 작은 사람이나, 단칸방이나 으리으리한 저택이나 큰 차이가 없습니다.

두 번째로 시간을 확장해봅니다. 나는 조상의 살과 피로 이루어져 있습니다. 내 시대 이전에 살다간 사람들을, 역사를 생각해봅니다. 나는 후손을 통해 계속 존재할 것입니다. 다음 세대의 삶을 생각해봅니다. 역사적 맥락에서의 삶을 사는 인간이 될 수 있습니다.

이렇게 시각을 확장하면 지금 여기 나의 삶이 좀 더 명료하게 드러납니다. 지금 하는 고민이 쓸데없는 것이라는 것을 깨닫습니다. 어떻게 살아가야 할지, 내가 할 일이 무엇인지 명확해집니다.

현재의 삶은 과거와 미래로 연결됩니다. 조상과 후손을 연결하는 끈이 바로 지금의 나입니다. 조상의 삶이 어떠했든, 현재 나의 처지가 어떠하든, 내가 우리 가문의 중시조가 되겠다고 지금 이 순간 다짐해보는 것은 어떨까요?

중시조는 '무너진 가문을 다시 일으켜 세우는 조상'을 말합니다. 그저 흘러가는 대로 살아가면 삶에 크게 개선이 없습니다. 먼저 내 삶을 개선하고 우리 집안의 가풍을 새롭게 하는 역할을 해보겠다고 생각해보세요. 그러면 삶의 목표가 달라지고 눈빛이 바뀝니다. 어떻게 살아야 할지 조금 더 명확해집니다.

# 37

그대를 괴롭히는 것은 어떤 행동 그 자체가 아니라

그에 대한 그대의 의견이다.

그 행동이 끔찍하다는 그대의 판단을 버려라.

그러면 그대의 분노는 사라질 것이다.


마음의 소란함은 오직 그대 안에 있는 의견에서 비롯된다.


상처가 되고 모욕적인 일에 대한 그대의 의견을 버린다면

그대는 더없이 평온해진다.


모든 것은 의견에 지나지 않는다.

그리고 모든 의견은 그대의 마음에 달려 있다.

그대의 의견을 버려라.

*마르쿠스 아우렐리우스《명상록》*

# 고전 들여다보기

　기쁨, 슬픔, 분노, 불안 등 우리의 모든 감정은 상황에 대한 내 해석에서 비롯됩니다. 같은 상황이라도 내가 어떤 생각, 의견을 갖느냐에 따라 내 감정은 달라집니다. 즉, 행복과 불행은 내 의견에 따라 달라질 수 있는 것입니다. 마르쿠스 아우렐리우스는 의견을 버리고 평온함을 얻으라고 합니다.

　사랑하는 가족이 세상을 떠나면 보통 슬퍼하기 마련입니다. 하지만 장자는 부인이 죽은 뒤에 물동이에 바가지를 엎어 놓고 두드리면서 노래를 불렀습니다. 삶이라는 괴로움의 굴레를 벗고 즐거운 고향으로 돌아갔다는 것입니다.

　물컵의 물이 반 남은 것을 보고 어떤 사람은 '물이 반밖에 안 남았다'고 안타까워하고 어떤 사람은 '물이 반이나 남았다'고 기뻐합니다. 모든 것은 마음에 달려 있습니다. 모든 것은 나의 해석에 달려있습니다. 마주치는 현실은 바꾸기 힘듭니다. 사람들은 모두 각자의 개성을 갖고 자유롭게 행동합니다. 남의 행동은 통제할 수 없습니다. 그들의 행동이 항상 합리적이거나 내 취향에 맞을 수는 없습니다.

　하지만 일어나는 사건에 대해 어떤 의견을 가질 것인지, 어떻게 해석할 것인지는 내 자유의지입니다. 상황을 억지로 바꾸려 애쓰지 말고 그에 대한 내 해석을 바꾸면 평온해집니다. 좀 더 구체적으로는 내 감정을 바꾸는 것입니다. 부정적인 감정을 긍정적인 감정으로 바꾸는 것입니다. 운명이라는 것은 결국 삶에 대한 내 해석이 아닐까요?

*Chapter III*

숙고하는 삶을 살아라

소크라테스 *Socrates*

소크라테스(Socrates BC 470~BC 399)는 전쟁과 정치적 혼란의 시대를 살면서 참된 인간으로 사는 것에 대해 고민했습니다. 조금 더 구체적으로는 인간이자 한 나라의 시민으로 갖춰야 할 덕에 대해, 더불어 정의로운 아테네 시민이 된다는 것에 대해 생각했습니다. 그가 살았던 시대는 페르시아 전쟁(BC 492~BC 448)과 펠로폰네소스 전쟁(BC 431~BC 404)의 시기였습니다. 그는 페르시아 전쟁을 통해서는 아테네의 영광을, 펠로폰네소스 전쟁을 통해서는 아테네의 몰락을 경험합니다.

아테네의 시민으로서 몇몇 전투에 참전하기도 했던 그는 동료를 위기에서 구하고 힘든 행군길을 맨발로 버텨내는 용감한 군인이었습니다. 동시에 무언가에 의문이 들면 행인들을 피해 길가에 서서 온종일 숙고하는 철학자이기도 했습니다. 또한 신의 소명을 받들어 '무지의 지'를 설파하고 다니는 괴짜이기도 했습니다.

그의 진심과 가치를 알아본 사람들은 그의 열렬한 추종자가 되었습니다. 특히 그의 제자인 플라톤과 크세노폰은 소중한 그들의 작품을 통해 소크라테스의 말과 행동을 후세에 전해주었습니다. 반면에 많은 수의 아테네인들은 입바른 말만 하고 다니는 소크라테스를 미워했고 그를 죽음으로 몰아갔습니다.

죽음 앞에서도 정의로운 삶, 당당한 삶의 태도를 잃지 않았던 소크라테스의 가르침을 플라톤의 《소크라테스의 변명》, 《향연》, 크세노폰의 《소크라테스 회상록》, 《향연》, 《변명》을 통해 만나보겠습니다.

# 38

스스로 지혜롭다고 믿는 사람들이나 나나,

실상 아름다움(美)과 선(善)을 잘 모르지만

나는 나의 무지를 알기 때문에

모르면서도 안다고 생각하는 사람들보다 낫다.

플라톤, 《소크라테스의 변명》

# 고전 들여다보기

소크라테스는 친구이자 제자인 카이레폰이 델포이 신에게 받은 신탁(소크라테스보다 지혜 있는 자는 아무도 없다)을 듣고 그 말의 의미가 무엇인지 궁금했습니다. 그는 자신이 지혜로운 사람이라고 생각하지 않았기 때문이죠. 그래서 정치가, 작가, 장인 등을 찾아다니며 그들과 문답을 나눕니다. 비로써 소크라테스는 지성인이라고 일컫는 자들이 스스로 지혜롭다고 생각하지만 실상 그렇지 않다는 사실을 깨닫게 됩니다. 자신은 모르는 것에 대해 모른다고 말할 수 있다는 그 사실 하나만으로 그들보다 지혜로운 것이며 따라서 카이레폰이 받은 자신에 대한 신탁이 옳다는 결론을 내립니다.

사람은 자신에 대해 객관적으로 들여다보기 쉽지 않습니다. 특히 자신의 무지를 인정하는 것은 결코 쉬운 일이 아닙니다. 하지만 궁극의 경지에 이른 현자들은 자신의 무지를 인정합니다. 그것에서부터 지혜가 시작됩니다. 현명한 사람들의 생각은 시공을 초월해 비슷한 결을 보여줍니다. 공자 또한 '아는 것을 안다고 하고 모르는 것을 모른다고 하는 것, 이것이 아는 것이다.'라고 말했습니다. 모르는 것을 '모른다'고 말할 수 있으려면 용기를 내야 합니다. 캐물을 수 있는 용기, 자신의 무지를 마주할 용기, 체면이나 지위를 생각하지 않고 그것을 인정할 수 있는 용기가 필요한 것입니다.

정말로 안다고 할 수 있는 것은 스스로 깨달은 것입니다.

# 39

뛰어난 사람은 어떤 상황에서

'죽느냐, 사느냐' 하는 위험을 따져서는 안 된다.

오직 올바른 행위를 하느냐 잘못된 행위를 하느냐

좋은 사람의 역할을 하느냐

나쁜 사람의 역할을 하느냐 하는 것만 숙고해야 한다.

플라톤,《소크라테스의 변명》

# 고전 들여다보기

소크라테스는 아테네의 유력자들을 비롯한 많은 사람에게 '당신은 아는 것이 없다'는 사실을 전하는 과정에서 미움을 사게 됩니다. 소크라테스의 태도도 수용하기 어려웠지만 그의 젊은 제자들이 기성세대에게 던지는 질문도 당혹스러웠을 것입니다. 그도 그 사실을 잘 알고 있었습니다. 소크라테스는 자신이 옳은 말을 하면 사람들에게 미움을 받고 자칫하면 죽을 수도 있다는 사실을 알았습니다. 그런 상황을 잘 알면서도 죽음을 무릅쓰고 정의로운 말을 거침없이 했습니다.

육체의 편안함이나 이익을 생각하는 사람은 결정적인 순간에 자신의 안전이나 의식주와 같은 기본적인 욕구를 따릅니다. 하지만 좀 더 높은 가치를 추구하는 탁월한 사람은 정의로운 행동을 선택합니다.

이런 선택의 차이는 가치관과 질문의 차이에서 옵니다. 어떤 상황에서 '나에게 이익이 되는가?'라는 질문을 던질지, '올바르고 정의로운 것인가?'라는 질문을 던질지는 자신의 인격에 달려있습니다.

어떤 일을 할 때 자신에게 무슨 질문을 던지고 있나요? 만약 소크라테스와 같이 선량하고 정의로운 사람이라면 이 일을 어떻게 대할지 질문하는 쪽을 선택하는 사람이 되십시오.

# 40

죽음을 두려워하는 것은 지혜로운 척하는 것이지,
진정 지혜로운 것이 아니다.
생명과 힘이 남아 있는 동안 나는 결코 지혜를 구하고
가르치기를 그만두지 않을 것이다.

플라톤, 《소크라테스의 변명》


단지 조금 더 살기 위해 당당하지 못하게 간청하느니
차라리 죽음을 택하겠다.

크세노폰, 《소크라테스의 변론》

# 고전 들여다보기

소크라테스는 신이 자신에게 하나의 사명을 수행하도록 명령했다고 믿었습니다. 즉, 자신과 타인을 탐구하는 '애지자(愛智者)'의 사명이 바로 그것입니다. 그는 죽음 등의 공포나 두려움 때문에 이 사명을 제대로 완수해 내지 못하는 것을 평생 경계했습니다. 그것을 가장 수치스러운 일이라고 생각했습니다.

그는 죽음을 두려워하는 것은 죽음을 최대의 악이라고 생각하는 무지에서 오는 것이라고 주장합니다. 그러니 그에게는 죽음을 두려워하는 것은 지혜롭지 못한 행동입니다.

소크라테스는 '소크라테스가 가장 현명하다'는 델포이 신전의 신탁을 흘려듣지 않고 숙고하여 자신만의 사명을 정의했습니다.

사람은 자기 삶의 사명을 찾는 것이 가장 중요한 일입니다. 아무리 활기 넘치고 재주가 뛰어난 사람도 어느 하나에 마음을 집중하지 못하고 이것저것 찔끔찔끔 건드리기만 하면 무슨 일이든 제대로 이뤄낼 수 없습니다. '이것이 이번 생에 내 삶의 사명이다'라는 것을 정의하고 집중하는 사람이 성공하고 행복할 수 있습니다.

당신에게는 어떤 사명이 있나요? 죽음까지 이겨낼 수 있을 만큼 자신을 뜨겁게 만드는 그 무언가가 있나요?

# 41

당신들은 부와 명예,

명성을 쌓아 올리는 데는 신경 쓰면서

지혜와 진리, 정신의 위대한 고양에 대해서는

무관심하고 주의를 기울이지 않는다.

그것을 왜 부끄러워하지 않는가?

플라톤, 《소크라테스의 변명》

# 고전 들여다보기

아테네는 혼돈의 시기였습니다. 특히 소크라테스가 재판장에서 변론한 이 시기(B.C. 399년)는 아테네 내부적으로 극심한 정치적인 격변이 지나간 직후였습니다. B.C. 404년 펠로폰네소스 전쟁에서의 패배로 아테네에 30인 참주정이 들어섰다가 1년 만에 민주파가 다시 득세하면서 수많은 아테네인이 죽임을 당했습니다.

이런 상황에서 소크라테스는 아테네인들에게 눈앞의 이익이나 지위에 연연해하지 말고 훌륭한 덕을 지닌 시민이 될 것을 호소하고 있습니다.

모든 사람의 말과 행동에는 내적인 동기와 가치관이 있습니다. 그것은 이익, 명예, 정의, 덕 등 사람마다 다양합니다. 한 사람의 말과 행동을 잘 관찰하면 그 사람을 움직이는 동기와 가치관을 알 수 있습니다.

사람들은 많은 시간 생각하는 것에 가까워집니다. 이익과 지위를 좇으면 탐욕스러운 속물이 되기 쉽습니다. 내가 주의를 가장 많이 기울이고 있는 일은 무엇과 관계되어 있나요? 무엇을 얻기 위해 그 일에 힘쓰고 있는지 생각해 볼 대목입니다.

# 42

검증되지 않은 삶은 살 가치가 없는 것이다.

The unexamined life is not worth living.

플라톤, 《소크라테스의 변명》

# 고전 들여다보기

소크라테스의 가장 유명한 말 중 하나입니다. unexamined는 숙고하지 않는, 캐묻지 않는, 검증되지 않는, 등 여러 가지로 해석 되는데 뜻은 대동소이합니다. 때론 우리는 생각이 마비된 상태로 살아가는 경우가 종종 있습니다. 깨어서 삶을 바라보지 않으면 내 삶이 제대로 가고 있는 것인지, 내 의지대로 움직이고 있는 것인지 판단하기 쉽지 않습니다. 사는 대로 생각하지 않고 스스로 삶의 현실을 하나하나 검증하는 삶은 분명한 차이를 만들어냅니다.

캐묻지 않고 질문하지 않는 삶은 위태롭습니다. 그저 남들이 하는 말과 행동을 따라 하는 것은 삶의 주인으로 살아가는 방식이 아닙니다. 독재자들이 가장 좋아하는 곳은 질문하지 않는 사람들이 모여 있는 곳입니다.

그간 당연하다고 생각했던 것에 질문을 던져보세요. '과연 이것은 옳은가?', '이렇게 하는 것이 정의로운 것인가?', '왜 이렇게 해야 하는가?', '이런 행동을 통해 나는 무엇을 얻으려고 하는가?'와 같은 질문 속에서 내 삶은 스스로에게 검증되고 당당해집니다.

# 43

죽음을 피하는 것이 어려운 것이 아니라
불의를 피하는 것이 더 어렵다.
왜냐하면 불의는 죽음보다도 빠르기 때문이다.

나는 늙고 움직임이 느려 죽음에 붙잡혔지만
고발자들은 예리하고 빠른 자들이니
걸음이 빠른 불의에 붙잡힐 것이다.

플라톤,《소크라테스의 변명》

# 고전 들여다보기

고대 그리스에서는 죽음이나 불의와 같은 단어를 신격화하거나 의인화해서 표현하는 방식을 즐겨 썼습니다. 소크라테스도 이런 방식을 씁니다. 그는 마지막 변론에서 죽음보다 불의가 걸음이 빠르기에 약삭빠르고 민첩한, 자신을 고발한 자들이 걸음이 빠른 불의에 붙잡힐 것이라고 말합니다.

'나는 정의롭게 죽지만 너희들은 불의하게 (한동안) 살 것'이라고 합니다. 역사를 보면 불의한 자들은 천수를 누리지만 대대로 비판의 대상이 되고, 의로운 일을 한 사람들은 종종 안타깝게 목숨을 잃지만 그 이름이 남습니다. 소크라테스는 70세에 독약을 마시고 죽었지만 그의 사상은 플라톤을 통해 계승되어 서양철학의 근간을 이루는 데 밑거름이 되었습니다.

의롭지 않은 선택을 하고 역사에 오명을 남긴 사람들은 육체적인 죽음은 늦췄을지 몰라도 영혼은 영원히 죽은 것이나 마찬가지입니다. 의로운 선택을 하고 본보기가 된 사람들은 삶은 짧았지만 그 이름이 남아 영원히 살아있습니다.

죽음을 무릅쓰고 어떤 선택을 하는 것은 어려운 일입니다. 하지만 어려운 만큼 다른 사람들에게 귀감이 되고 인류의 삶에 변화를 가져올 수 있습니다. 소크라테스의 죽음은 플라톤이라는 대단한 철학자가 탄생되는 계기가 되었습니다.

# 44

내가 죽은 후, 나에게 준 것보다 훨씬 더
무거운 벌이 당신들에게 내려질 것이다.

당신들은 삶을 숙고하기보다는
검증하려는 자에게서 달아나기 위해
나를 죽이려는 것이다.
사람을 죽여서 부도덕한 삶에 대한 질책을
막을 수 있다고 생각한다면 잘못된 판단이다.

그것은 가능하지도, 명예롭지도 않은 방법이다.
가장 쉽고 고귀한 방법은
남을 제거하기보다
스스로 훌륭한 사람이 되는 것이다.

*플라톤, 《소크라테스의 변명》*

# 고전 들여다보기

소크라테스를 죽음으로 몰고 간 아테네인들은 귀찮은 그를 눈앞에서 없애고 그에게서 벗어나고 싶었습니다. 소크라테스와 문답을 나눈 사람들은 그가 기존의 권위나 부덕에 항상 의문을 제기해서 불편했습니다. 그리고 기득권층은 이것을 위협으로 느꼈습니다.

소크라테스는 이런 심리를 정확하게 꿰뚫어 보았습니다. 그리고 비난을 피해 비판자를 억누르기보다 스스로 선한 사람이 되도록 힘쓰는 것이 더 좋은 방법이라고 말합니다.

누군가가 자신을 비난하면 그 말의 옳고 그름을 떠나 그 사람과 함께 하고 싶어지지 않는 것이 인지상정입니다. 하지만 현명한 사람들은 자신에 대한 비난에 귀를 기울입니다. 만약 그 말에 일리가 있다면 자기 허물을 고칠 기회를 얻는 것입니다. 그렇지 않다고 해도 근거 없이 남을 비방하는 그 사람처럼 되지 않겠다고 타산지석으로 삼을 수 있습니다. 그러니 나에 대한 비난에 감정적으로 대응하지 말고 일단 숙고해 봐야 할 가치가 있습니다.

나를 비난하는 사람이 있었나요? 그를 통해 어떤 것을 배울 수 있었나요? 비난이 싫어 외면했던 사람의 말을 숙고해 보았나요?

# 45

나보다 더 자유로운 사람을 아는가?

누구한테서도 수업료를 받지 않으니.

크세노폰, 《소크라테스 회상록》

# 고전 들여다보기

설득, 논변술을 가르치던 소피스트들은 당시에 대단히 많은 돈을 받았습니다. 정치에 뜻을 둔 수많은 아테네 젊은이들은 소피스트들에게 많은 돈을 지불하고 논리적으로 말하는 법을 훈련받았습니다. 하지만 소크라테스는 이런 세태를 비판하고 누구에게도 돈을 전혀 받지 않고 거리에서 산파술로 알려진 문답을 했습니다.

물론 정당한 노력에 대한 대가는 받아야하겠지만 지나치게 많은 돈을 받으면 그 돈을 준 사람에게 예속될 수밖에 없습니다. 소크라테스는 돈보다는 자유를, 선동가의 기술보다는 진리를 선택했습니다.

돈을 낸 사람이 주인 행세를 합니다. 누구나 낸 것만큼 대가를 받으려 합니다. 다른 분야와 정도의 차이는 있을 수 있지만 학문과 배움의 영역에서도 본질은 마찬가지입니다.

아테네의 젊은이들이 소피스트들에게 돈을 주며 얻으려던 것은 명확했습니다. 그들은 정치를 위해 말 잘하는 기술을 원했습니다. 그런 지식과 기술을 전해주는 사람은 돈을 넣으면 원하는 물건을 내주는 자판기와 같습니다.

친구는 아무런 대가를 받지 않고 자신의 노하우나 지식을 알려줍니다. 배우는 사람이나 가르쳐주는 사람이나 동등합니다. 소크라테스는 아테네인들의 친구가 되기를 원했던 것은 아닐까요?

# 46

《소크라테스가 탐구한 주제》

1. 경건함이란 무엇이며 불경이란 무엇인가?

2. 정의란 무엇이며 부정은 무엇인가?

3. 공정함이란 무엇이며 부당함이란 무엇인가?

4. 지혜란 무엇이며 어리석음이란 무엇인가?

5. 용기란 무엇이며 비겁함이란 무엇인가?

6. 국가는 무엇이고 정치가의 자격은 무엇인가?

7. 정부는 무엇이며 통치자란 무엇인가?

8. 그 밖에 그것을 아는 자는 훌륭한 사람, 모르는 자는
   노예라고 불릴만한 다른 주제는 무엇인가?

*크세노폰, 《소크라테스 회상록》*

# 고전 들여다보기

소크라테스가 탐구한 주제는 '진실로 훌륭한 사람이 되기 위한' 것이었습니다. 경건함, 정의, 공정함, 지혜, 용기, 국가/정부, 정치가/통치자와 같은 주제입니다. 삶의 주인으로 살기 위한, 건강한 시민으로 살아가기 위한 고민입니다. 플라톤은 이런 스승의 영향을 받아 이런 질문과 관련된 주제의 대화편을 저술합니다.

인터넷에 보면 뇌 구조를 재치있게 그려 올린 그림이 많이 있습니다. 이 사람이 주로 어떤 생각을 하는지 영역을 구분해서 주제를 써넣은 그림입니다. 만약 소크라테스의 뇌 구조를 그린다면 별로 재미없어 보일 것 같기도 합니다. 그는 진리나 공동체, 탁월함과 같이 사람들이 크게 관심 없는 주제에 열정적이었습니다.

하지만 남들이 관심을 갖지 않는 것이라고 해서 가치 없는 것은 아닙니다. 그의 독특한 관심 덕에 인류는 '지의 사랑'에 대해 좀 더 깊이 있는 이해를 할 수 있었습니다.

지금 당신은 어떤 주제에 관심을 기울이고 있나요?

# 47

외적인 아름다움에만 마음을 두는 자는
소작농과도 같다.
그는 땅의 가치를 높이려는 열망 없이,
최대의 수확을 얻으려는 목적만 갖고 있다.

하지만 충실한 우정에 마음을 둔 사람은
자신의 농장을 가진 자와 같다.
그는 넓은 세상을 샅샅이 뒤져서라도
상대의 가치를 높이는 방법을 찾으려 한다.

크세노폰, 《향연》

# 고전 들여다보기

사랑하는 상대의 외모, 육체에만 관심이 있는 사람과 혼, 정신의 교류에 중심을 둔 사람을 소작농과 자작농에 빗대었습니다. 소작농은 주인의식이 없습니다. 빌린 시간 동안 땅을 최대한 활용해서 자신의 이익을 챙기는 것에 급급합니다. 하지만 자작농은 주인의식이 있습니다. 땅과 자신이 분리되어 있지 않습니다. 자작농은 땅의 지력, 가치를 높여주기 위해 노력합니다.

첫사랑은 상대의 가치를 높여주는 것입니다. 나의 욕심을 채우고 상대를 이용하려는 일방적인 사랑은 사랑이 아닌 구속입니다. 상대의 아름다운 외모에만 관심을 기울이는 사랑은 온전한 사랑이 아닙니다. 지력이 쇠하면 땅을 버리듯이 아름다움이 시들면 마음이 떠납니다.

첫눈에 반하는 사랑은 서로의 가치를 높여주는 사랑이 될 수 있을까요? 말 한마디도 나누지 않았는데 한번 보고 빠져드는 사랑은 상대의 외모에만 이끌리는 반쪽짜리일 가능성이 높습니다. 사랑은 서로를 잘 되게 해주는 우정을 바탕으로 해야 건강할 수 있습니다.

*Chapter IV*

삶은 자아를 찾는 투쟁의 과정이다

헤르만 헤세 *Herman Hesse*

헤르만 헤세(Marcus Aurelius, 1877~1962)는 자아의 탐구라는 주제로 마음을 울리는 글을 많이 남긴 작가입니다. 그는 작품 속에서 자아를 찾는 여정을 묘사하면서 진정한 나를 찾는 것이 얼마나 중요한지 말합니다.

그는 신학자인 외조부의 영향으로 어릴 때부터 고전, 특히 인도를 비롯한 동양의 고전을 접했습니다. 동양의 정신문화에 대한 그의 동경은 이런 배경에 있습니다.

헤세가 살던 당시의 유럽은 전쟁의 시기였습니다. 그는 생전에 1차 세계대전과 2차 세계대전을 모두 겪었으며 독일은 그 전쟁의 중심에 있었습니다. 그는 전쟁을 반대했고 독일에서는 박해를 받았습니다.

혼란 속에서 그는 항상 무언가를 찾으려고 했습니다. 이 과정에서 세상의 관점을 그대로 받아들이지 않고 되묻고 의심했습니다. 그리고 그 무엇인가는 자신 안에 있다는 것을 작품을 통해 보여주었습니다.

흔들리면서 자아를 찾아가는 여정을 헤르만 헤세의 작품《데미안》, 《싯다르타》 등을 중심으로 함께해보겠습니다.

# 48

난 오직,

진정 내 안에서 솟아 나오는 번뜩임을 따라 살려 했다.

왜 그것이 그토록 힘들었을까?


각자의 삶은 자아를 향해 가는 길이며 그 여정이다.

그 누구도 완전히 자기 자신이 되어 본 적이 없다.

하지만 우리는 자신에게 도달하기 위해 분투한다.


인간에게는 오직 하나의 진실한 소명이 있다.

그것은 바로 자기 자신에게 가는 길을 찾는 것이다.

*헤르만 헤세, 《데미안》*

# 고전 들여다보기

나로 살아간다는 것은 무엇일까요?

나로 산다는 것은 타인에게 의존하지 않는다는 것입니다. 외부에서 주입된 고정관념에 사로잡히지 않고 내 생각대로, 내 의지대로 살아가는 것입니다.

그것은 쉽지 않은 길입니다. 많은 사람이 당연하게 받아들이는 생각을 의심해야 하고 스스로 선택해야 하는 험난한 길입니다. 좁은 길입니다. 우리가 해야 할 유일한 일은 진정한 나 자신에게 도달하는 것입니다.

잠에서 깨어나면서 혼잣말로 '무엇을 해야겠다'라고 자기도 모르게 중얼거린 적이 있나요? 그것이 내면의 번뜩임입니다. 내면에서는 나에게 계속 신호를 보냅니다. 하지만 내 마음이 항상 소란스러워 그 신호를 알아차리지 못하는 경우가 많습니다.

내면의 소리를 듣기 좋을 때가 있습니다. 잠들기 전, 잠에서 깨어날 때, 산책할 때죠. 이럴 때 스마트 폰을 보면서 마음을 소란스럽게 하지 말고 내면에 집중해 보세요. 오늘 당신에게는 어떤 내면의 번뜩임이 있었나요?

# 49

우리들 각자는 심오한 시도이다.

그리고 자기 자신의 운명을 향해 나아간다.

우리는 서로를 이해할 수는 있지만

각자의 삶의 의미는 오직 자신만이 이해할 수 있다.

내 이야기는 나에게 무엇보다 중요하다.

'나'의 이야기이며

'한 존재'에 관한 이야기이기 때문이다.

*헤르만 헤세, 《데미안》*

# 고전 들여다보기

나는 나만의 이야기를 만들어갑니다. 이것은 한 인간이 성장하고 발전해가는 이야기입니다. 흔들리고 넘어지는 이야기입니다.

내 삶에 대한 타인의 판단은 무의미합니다. 내 삶이 어떤 의미가 있는지는 오직 나만이 판단할 수 있습니다. 그 판단도 이야기의 끝에 가까이 가야 비로소 가능합니다.

삶은 우리가 쉽게 이해하기 힘든 하나의 시도입니다. 섣불리 남의 이야기도, 나의 이야기도 판단하지 마세요. 타인의 삶과 이야기는 이해와 공감의 대상이지, 판단의 대상이 아닙니다. 섣불리 남의 이야기를 판단하지 마세요. 다른 사람은 그의 삶을 자기 나름의 방식으로 살아내고 있습니다. 그것이 답답해 보이거나 어리석어 보인다고 함부로 훈수를 두지 마세요. 그의 자유의지를 존중해 줘야 합니다.

마찬가지로 내 삶에 대한 다른 사람의 의견에 크게 흔들리거나 동조하지 않아도 좋습니다. 내 자유의지가 가장 중요합니다. 깨지고 넘어져도 내 경험이고 내 이야기입니다. 결국 그것이 좋은지 나쁜지는 아무도 알지 못합니다. 소중한 내 이야기를 남의 판단에 맡기지 마세요.

# 50

내가 사람들 보다 덜 무지하다고는 생각하지 않는다.

나는 무언가를 찾아왔고

지금도 찾고 있을 뿐이다.


이제는 별과 책 속에서 그 무엇을 찾지 않는다.

나는 내 안의 피가 속삭이는 가르침에 귀 기울이기 시작했다.

*헤르만 헤세, 《데미안》*

# 고전 들여다보기

　지식과 지혜를 얻고자 하는 사람은 처음에 외부에서 무언가를 찾으려고 합니다. 물론 그 과정에서 많은 것을 배우고 경험하고 깨달을 수 있습니다. 하지만 어느 순간 한계가 옵니다. 남들의 말에만 의존하는 것은 남의 악기에 춤추는 것과 같습니다. 나는 나만의 악기를 연주해야 합니다. 궁극의 지혜는 결국 내면의 탐구에서 얻을 수 있습니다. 결국 답은 내 안에 있기 때문입니다.

　별(자연)과 책 속에서도 진리의 파편을 찾을 수 있습니다. 대자연의 경이로움 앞에서 우리는 '와아~' 하고 잠시 나의 존재를 망각하고 그것과 하나가 될 수 있습니다.

　평생 고뇌하며 진리를 탐구한 이들이 쓴 필생의 역작을 보다가 무릎을 '탁' 치면서 깨달음을 얻을 수도 있습니다. 하지만 이렇게 외부에서 '무엇인가'를 찾다 보면 어느 순간 한계가 옵니다.

　온전한 깨달음은 오직 내 안에서만 찾을 수 있습니다. 내 안에는 무궁한 상상력과 창조력이 있습니다. 외부에서 얻을 수 있는 지식과 지혜를 참고하되, 내 삶을 풍성하게 하는 진짜 깨달음은 내 안에서 찾아보세요. 지금부터 내면과 대화를 시도하고 글을 써보세요.

# 51

그것은

아버지라는 성스러운 이미지에 생긴 최초의 구멍이었고

내 어린 시절을 떠받치는 기둥에 새긴 최초의 균열이었다.


그것은

자기 자신이 되기 위해 반드시 파괴해버려야만 할 기둥이었다.


우리가 배우는 대부분의 사실은

틀림없이 올바르고 진실한 것이지만


이 모든 것들을

선생님들과는 완전히 다른 관점으로 볼 수도 있는 거야.

그리고 이렇게 할 때 대개 더 이해하기 쉽지.

*헤르만 헤세, 《데미안》*

# 고전 들여다보기

 권위에 무조건 복종하는 것은 노예의 삶입니다. 복종한다고 해도 자신의 판단에 따라 자발적인 복종을 선택해야 합니다. 받아들일 수 없는 권위에는 칼자국을 내야 합니다. 우리는 성장의 과정에서 아버지와 선생님으로 상징되는 기존의 권위와 언젠간 한번은 싸워야 합니다.

 객관적인 사실, 현실은 있는 그대로 받아들이되, 그것을 해석하는 관점은 비판 없이 받아들이지 않아야 비로소 나로, 내 운명을 설계하며 살아갈 수 있습니다.

 '성숙해진다'는 것은 세상을 바라보는 자기만의 관점을 정립해가는 것입니다. 공자는 마흔이라는 나이를 '불혹(不惑)'이라고 하여 '미혹되지 않는다'고 했습니다. 자신의 철학과 관점이 명확해, 사물이나 세상을 보는 데 의혹이 없고 다른 사람의 관점에 흔들리지 않는다는 말입니다. 마흔이 되었는데도 스무 살 때와 똑같이 세상을 바라보고 있다면 20년이나 되는 시간 동안 내면의 성숙의 시계는 멈춰져 있는 것인지 모릅니다.

# 52

누군가가 두렵다면
틀림없이 상대가 네 약점을 잡고 있기 때문일 거야.

두려움은 우리를 완전히 파괴해버릴 수도 있어.
두려움에서, 너를 조종하는 인간에게서 벗어나야 해.
다른 방법이 없다면 그 녀석을 죽여서라도 말이야.

*헤르만 헤세, 《데미안》*

# 고전 들여다보기

인간 존재의 본질은 사랑입니다. 사랑으로 인해 우리가 태어났고 사랑이 있기 때문에 서로 믿고 살아갈 수 있습니다. 사랑의 반대말은 두려움입니다. 누군가가 두렵다면 그에게 내 정신이 예속된 것입니다. 평등한 관계로 사랑하고 있는 것이 아니라 힘의 균형이 깨져 있는 것입니다.

본래 사랑의 존재인 우리는 두려움으로 원래 모습에서 멀어집니다. 나를 통제하는 힘을 누군가에게 빼앗긴 상태라면 무슨 수를 쓰든 벗어나야 합니다.

혹시 누군가에게 두려움을 느끼고 있나요? 왜 두려움을 느끼고 있나요? 누군가에서 느끼는 두려움에서 벗어나려면 그 두려움의 실체를 정확하게 알아채야 합니다.

상대가 내 어두운 면이나 약점을 정확하게 알고 있기에 두렵다면, 내 약점을 그대로 인정하세요. 그것이 드러나는 것에 초연해지면 더 이상 상대에게 휘둘리지 않을 수 있습니다. 상대의 능력이 나보다 더 뛰어나다고 생각해 열등감을 느낀다면 열등감을 향상심으로 바꾸도록 노력해 보세요. 부족한 것을 채우기 위해 노력하다 보면 어느새 두려움이 작아집니다.

# 53

진짜 내 삶을 살기 위해 꼭 필요한 것,

가치 있는 것만을 간절히 찾아야만

믿을 수 없는 것까지 성취해낼 수 있는 거야.

*헤르만 헤세, 《데미안》*

# 고전 들여다보기

바라는 것을 이루는 힘은 어디에서 오는 것일까요? 바라고 있는 것이 정말로 나에게 가치 있고 꼭 얻어야 할 것이라야만 합니다. 남들이 좋다고 하는 것, 그저 좋을 것 같다고 생각하는 것에는 간절함이 생기기 어렵습니다. 바라는 것이야말로 가장 나다운 것이어야 합니다. 내 마음속 깊이 간절하게 바라는 것이라야 내 존재가 그 소원으로 충만하게 되고 실제로 이루어집니다.

간절히 원하는 것을 이루려면 어떻게 해야 할까요? 먼저 나 자신과 대화해야 합니다. '내가 정말 이것을 원하는가? 꼭 필요한 것인가?'를 자기에게 물어봐야 합니다. 정말로 원하는 것이 아니라면 입으로는 그것을 소망한다고 말하지만 마음속에서는 저항이 있습니다.

다시 말해, 원하는 것이 나의 가치관과 일치해야 합니다. 가진 것을 뽐내고 자랑하는 것을 그다지 바람직하지 않다고 생각하면서 남에게 과시하기 위해 값비싼 스포츠카를 갖게 해달라고 소망하면 이뤄지지 않습니다. 소원과 완전하게 하나가 되는 경지에서 원하는 것을 얻을 수 있는 것입니다.

# 54

말로만 떠드는 건 아무런 가치가 없어.
떠들어대면서 자신을 잃어갈 뿐이야.

자신에서 멀어져가는 건 죄야.
사람은 마치 거북이처럼
자기 존재의 내면으로 완전히 들어가야만 해.

사람들이 두려움을 느끼는 건
자신과 조화를 이루지 못하기 때문이야.
자기 자신에게 귀의하지 않기 때문이지.

*헤르만 헤세, 《데미안》*

# 고전 들여다보기

내 감정이 불안하고 두려운 것은 내면과의 소통이 단절되었기 때문입니다. 내 안의 목소리에 귀를 닫으면 정말로 원하는 것을 알지 못합니다. 내가 진정 원하는 것을 모르면 실행할 수도 없습니다. 그러면 껍데기가 됩니다. 말과 행동이 공허합니다. 자기 안으로 완전히 들어가 진실한 나와 대면하고 정말 원하는 것을 하나씩 해나갈 때 조금씩 두려움에서 벗어날 수 있습니다.

땅속에 뿌리가 깊게 박혀있는 나무는 바람에 쉽게 흔들리지 않습니다. 하지만 뿌리가 썩어 약한 나무는 태풍이 한 번 지나가고 나면 뿌리째 뽑혀 쓰러질 수 있습니다.

자신의 내면과 조화를 이루고 내면에 깊이 뿌리를 내린 사람은 단단합니다. 누가 옆에서 흔들어도 꿈쩍도 하지 않습니다. 반대로 자신에게서 멀어진 사람, 스스로 질문하지 않는 사람, 내면의 속삭임을 외면하는 사람, 진정한 자아와 단절된 사람은 두려움 속에서 살아갑니다. 무엇이든 확신하지 못하고 불안합니다. 자기 확신이 약할 때 두려움이 우리를 무섭게 짓누릅니다.

# 55

운명과 마음은 하나의 개념에 대한 이름들이다.

*헤르만 헤세,《데미안》*

# 고전 들여다보기

　나의 말과 행동이 삶이라는 기차의 궤도를 만들어갑니다. 긍정적인 말은 성공과 행복을 끌어들입니다. 부정적이고 비판적인 말은 어두움을 몰고 옵니다. 그 말의 옳고 그름과는 관계가 없습니다.

　말은 마음, 나의 기질에서 비롯됩니다. 행동 또한 마음의 자식입니다. 이렇게 보면 결국 운명은 내 마음, 내 성격에서 비롯됩니다. 마음이 곧 내 삶이고, 내 운명입니다.

　그러니 가장 중요한 것이 마음입니다. 현실의 객관적인 조건이 내 삶을 결정하는 것이 아니라 내 마음이 운명을 결정합니다. 마음이 곧 운명입니다. 마음속에서 자주 생각하는 것이 현실로 나타나는 경우가 많습니다.

　예를 들어 걱정이 많은 사람은 끊임없이 걱정거리를 만들어 냅니다. 걱정할 것이 없으면 그 사실 자체를 걱정할 정도입니다. 걱정했던 일이 실제로 일어나면 '내가 이럴 줄 알았다'며 걱정이 들어맞은 것을 걱정하기도, 한편으로는 다행이라 여기기도 합니다.

　나는 어떤 생각을 주로 하고 있나요? 그것이 곧 내 운명이 된다면 어떤 생각으로 바꾸고 싶은가요?

# 56

새는 알을 깨고 나오려고 투쟁한다.

알은 세계다.

태어나려고 하는 자는 한 세계를 파괴하지 않으면 안 된다.


탄생은 언제나 힘든 일이에요.

새끼 새도 알을 깨고 나오려면 죽을힘을 다해야 해요.


돌이켜 당신 자신에게 물어보세요.

'그 길은 그렇게 힘들었는지, 그저 힘들기만 했는지,

동시에 아름답지는 않았는지?'


좀 더 아름답고 쉬운 길을 생각할 수 있나요?

*헤르만 헤세, 《데미안》*

# 고전 들여다보기

새가 알 밖으로 나오려면 투쟁의 과정이 필요합니다. 아직 단단하게 굳지 않은 부리로 딱딱한 알껍데기를 깨부수려면 한두 번 쪼아서는 안 됩니다. 부리가 부서질 각오로 두드려야 합니다.

태어난다는 것은 하나의 세계를 무너뜨리고 새로운 세계를 맞이하는 것입니다. 그러니 어렵습니다. 하지만 이 과정은 고통만 있는 것은 아닙니다. 자신을 극복해가는 과정에서 느끼는 성취감, 새로운 세상 빛을 보았을 때의 환희가 있습니다. 새롭게 태어나는 과정은 아프지만 아름다운 과정입니다.

탄생은 자궁이라는 안전한 세계, 따뜻한 한 세계를 무너뜨리고 새로운 세상으로 나오는 경험입니다. 처음으로 망막에 빛이 들어오고 양수가 아닌 공기를 통해 고막에 소리가 전해집니다. 아파서, 낯설어서, 누가 엉덩이를 때려서 큰 소리로 웁니다.

육체적인 탄생만큼 정신적인 성숙을 위한 탄생도 모진 과정입니다. 기존에 금과옥조로 지키던 믿음이 무너지고, 전혀 상상하지 못했던 관점으로 세상을 바라보기까지는 자기부정과 파괴의 과정이 필요합니다. 부서질 때는 고통스럽지만 새로운 눈을 갖게 되면서 환희를 경험할 수 있습니다.

한 세계를 무너뜨리고 새로운 세계를 만난 경험이 있나요?

# 57

이른바 '우연'이라는 것은 존재하지 않는다.

누군가 간절히 바라던 것을 발견한다면

그것은 우연이 아니다.

자신의 열망과 충동이 그것으로 이끈 것이다.

*헤르만 헤세, 《데미안》*

# 고전 들여다보기

간절함은 강력한 자석입니다. 강하게 원하면 강한 자력으로 원하는 현실을 더 빠르고 확실하게 끌어당깁니다. 하지만 원하는 힘이 약하면 끌어당기는 힘도 약합니다. '우연'은 없습니다. 나에게 일어나야 할 일이 자연스럽게 펼쳐지는 것입니다. 모든 사건은 필연입니다. 자신의 소원, 열망이 현실을 만들어갑니다.

한두 번 얼핏 생각한 것을 현실에서 경험하는 경우는 별로 없습니다. 하지만 지속적으로 강렬하게 원하는 것은 현실에서 경험할 확률이 높습니다. 많은 사람이 간절히 바라는 것은 얻을 수 있다고 말합니다.

다른 동물과 달리 인간에게는 창조력과 상상력이 내재 되어 있습니다. 이것은 인간에게 주어진 가장 큰 재능이자 선물입니다. 조금 더 구체적으로 말하면 우리는 우주에 가득한 마치, 밀가루 반죽 같은 재료에 상상력을 발휘해 원하는 이미지를 투사해서 경험할 수 있는 창조력을 가지고 있다는 것입니다.

내 안의 목소리에 귀 기울여 보세요. 나는 무엇을 원하고 있나요?

# 58

당신이 없애버리고 싶은 누군가는
실재하는 존재가 아니라 단지 허상일 뿐이오.

누군가를 미워한다면
그 사람 안에 있는 자신의 어떤 모습을 미워하는 것이오.

자신 안에 존재하지 않는 것은
당신을 불안하게 하지 못하는 법이라오.

헤르만 헤세, 《데미안》

# 고전 들여다보기

누군가를 미워한다는 것은 그 사람의 미운 모습에서 나를 보기 때문입니다. 미친 사람이 나에게 욕을 하면 무시하기 마련입니다. 나에게는 그런 미친 모습이 없기 때문입니다. 하지만 내가 열등감이 가득하다면 열등감의 반대 모습인 우월함, 거만함을 보이는 상대에게서 불편함을 느끼기 마련입니다.

내 안에 존재하지 않는 것은 나를 불안하게 하지 못합니다. 내 안에 가시처럼 박혀 있는 그 무언가가 나를 흔들리게 합니다. 내 안에 존재하는 것이 상대를 통해 나타나는 것입니다.

우리는 사람들과 대화하는 도중에 우리가 가장 싫어하거나 경멸하는 사람과 비교당하거나 비슷하게 취급당할 때 분노할 수 있습니다. 종종 한두 마디 말이나 몇몇 단어에 상당히 예민해집니다. "지금 뭐라고 그랬어?" 하면서 한바탕 말싸움으로 이어질 수도 있습니다.

실제로는 자신이 싫어하는 사람이 가진 성향이 자기에게 있다는 것을 어렴풋이 알고 있기 때문에 성내는 것입니다. 내가 미워하는 사람들의 특징은 무엇인가요? 그 모습이 혹시 내 안에 있지는 않을까요?

# 59

꿈을 발견해야만 해요.

그러면 길은 쉬워지지요.

하지만 영원히 계속되는 꿈은 없어요.

또 다른 꿈이 뒤따르지요.


그 어떤 꿈에만 집착해서는 안 돼요.

*헤르만 헤세, 《데미안》*

# 고전 들여다보기

꿈은 계속 움직입니다. 변합니다. 꿈이 정체되어 있다는 것은 삶이 정체된 것입니다. 의식이 확장되고 깨달음이 깊어지면 꿈꾸는 것도 달라집니다. 새는 껍데기를 깨고 나서 새로운 세상을 맞이하지만 그 세상 속에만 안주하지 않습니다. 이 나무 저 나무 사이를 날아다니고 다른 새들과 어울리고 추워지면 따뜻한 남쪽으로 여행을 떠나기도 합니다. 삶은 변화 그 자체입니다. 꿈은 계속 새롭게 해야 합니다.

존재의 본질은 더 나아지고자 하는 추진력입니다. 움직이는 것이 생명의 본성입니다. 사람은 100살이 되어도 꿈을 꾸어야 살아 있음을 느끼는 존재입니다.

늘그막에 외국어를 배우고 대학을 다니며 학위를 따고 그림을 그리는 것은 꼭 쓸 데가 있는지 없는지 유용성의 기준으로 보거나 잘할 수 있는지 없는지 효율성의 시각에서 볼 것이 아닙니다. 그것은 지금과는 다른, 더 나은 사람이 되려고 하는 생명의 본성입니다.

살면서 깨야 할 껍질은 계속 나타납니다. 눈앞의 세상은 계속 전복되어야 합니다. 그것이 삶의 본질입니다. 변화 속에서 행복이 있습니다.

# 60

천재와 그들을 가르치는 선생들 사이에는

깊은 심연이 존재한다.

애초에 천재적인 아이들은 누구나

교사들에게 괴짜로 보일 수밖에 없다.

*헤르만 헤세, 《수레바퀴 아래서》*

# 고전 들여다보기

　교사는 기존의 권위를 상징합니다. 천재는 일상화된 관점을 무너뜨리고 새로운 관점으로 세상을 보는 사람들입니다. 천재가 자신의 관점을 세상앞에 설득시키고 나면 이것이 다시 기존의 권위가 됩니다. 교사들은 이 권위의 수호자들이며 그것을 열심히 외우고 전파합니다. 헤세는 그래서 천재와 선생들 사이에는 깊은 심연이 있다고 말한 것입니다. 물론 그는 선생님 편이 아니라 천재 편이었습니다.

　정반합(正反合)의 논리에 따르면 권위와 도전, 그리고 새로운 권위의 출현, 또 다른 도전이 반복되면서 역사는 발전한다고 합니다. 기존의 권위(正, These)는 그 시대의 다수가 지지하는 '주류(Mainstream)', '상식'입니다. 하지만 모든 권위에는 칼자국을 내려는 시도가 있습니다. 바로 '반(反, Antithese)'입니다. 'No'라고 말하고 기존의 권위에 도전하고 삐딱하게 바라보는 관점입니다. 이 둘의 갈등을 거쳐 둘을 초월한 '합(合, Synthese)'이 나타납니다.

　이 논리가 꼭 맞다 틀리다 하는 것은 그렇게 중요하지 않습니다. 우리가 생각해봐야 할 것은 동시대에 많은 사람이 옹호하고 지지하는 생각이라고 해서 진리는 아니라는 점입니다. 권위를 얻었다고 해서, 국가가 공인했다고 다 맞는 말이 아닙니다. 언제나 열린 마음으로 다양한 관점을 수용하려 노력해보세요.

# 61

진리는 있지.

하지만 자네가 원하는 '가르침',

그것만으로 현명해지는 절대적인 가르침은 존재하지 않아.


그러니 자네도 완전한 가르침을 바라지 말게.


자네가 열망해야 할 것은 오히려 자네 자신의 완성이야.

진리라는 것은 체험되는 것이지,

가르쳐지는 것이 아니야.

싸울 각오를 하란 말이야.

*헤르만 헤세, 《유리알 유희》*

# 고전 들여다보기

요술 방망이처럼 '짜잔~' 하고 '이것이 진리다' 하고 알려주는 단 한 권의 책이나 단 한 사람은 없습니다. 진리는 우리가 끊임없이 사색하고 흔들리는 가운데 서서히 쌓아가는 것이 아닐까요?

진리는 가르쳐서 알 수 있는 것이 아닙니다. 깨달은 사람이 알려줘도 알아듣기 힘들 수 있습니다. 언어는 불완전하며 남의 체험을 내 것을 만들 수 있는 도구가 될 수 없기 때문입니다.

진리는 철저히 스스로 하나하나 체험하면서 쌓아가는 것입니다.

진리나 깨달음은 모든 이에게 같은 형태로 나타나지 않습니다. 우리 모두에게는 각자의 과제가 있습니다. 타인에 대한 관대함, 사랑의 실천, 배움을 통한 자아실현, 결핍의 극복 등 나에게는 나만의 탐구 과제가 있습니다. 그것을 이론이 아닌 경험을 통해 하나하나 배우고 깨달아 가는 과정이 삶입니다. 모든 경험은 자신이 온몸으로 겪어내는 진짜 공부입니다. 그러니 어떤 경험도, 어떤 삶도 하찮은 것은 없습니다.

이 삶에서 당신의 과제는 무엇인가요?

# 62

글을 쓰는 것은 좋은 것이고
사색하는 것은 더 좋은 것이다.

지혜로운 것은 좋은 것이고
인내심을 갖는 것은 더 좋은 것이다.

*헤르만 헤세, 《싯다르타》*

# 고전 들여다보기

글은 쓰는 것은 내 생각을 풀어내는 것입니다. 글을 쓰기 위해서는 '내 생각'이라는 것이 있어야 합니다. 내 것을 생산해내야 합니다. 그 때문에 글쓰기의 전제는 사색입니다. 글이라는 것은 내 사색에 껍데기를 씌우는 것입니다. 내 생각에 색을 칠하는 것에 지나지 않는 것입니다. 생각이 먼저고 표현은 그다음입니다.

지혜는 인내에서 탄생합니다. 수많은 자극과 경험을 내 생각으로 숙성시키는 인내를 가지지 못한 사람은 결코 지혜를 얻을 수 없습니다.

경험에서 아무런 배움을 얻지 못하고 그저 흘려보내면 자신만의 지혜를 쌓아갈 수 없습니다. 깨어진 정신으로 경험해야 삶에서 의미를 찾을 수 있습니다. 깨어진 정신으로 경험한다는 것은 한 발 떨어져서 객관적으로 자신의 삶을 바라보는 것입니다. 내 삶에 충실하되, 너무 몰입해서 그것만이 전부라고 생각하지 않는 것입니다.

너무 몰입하지 않으려면 현실의 사건과 그것에 의해 유발되는 자기의 감정을 분리해서 담담하게 바라보는 연습이 필요합니다. 지나치게 기뻐하지도, 슬퍼하지도 않으며 자신의 삶을 있는 그대로 바라보세요.

# 63

그는 이끌리는 대로 자신을 내맡깁니다.

자신의 영혼에 목표를 방해하는 그 어떤 것도 허용하지 않기에,

목표가 그를 끌어당깁니다.


그 누구라도 사색하고

인내하고

육체의 욕망을 이길 수 있다면

마법을 행할 수 있습니다.

자신의 목표에 다다를 수 있습니다.

*헤르만 헤세, 《싯다르타》*

# 고전 들여다보기

삶에 대한 최고의 깨달음은 내맡김입니다. 내 앞에 펼쳐지는 삶의 현실을 있는 그대로 수용하고 오직 해야 할 일에 집중한다면 자신의 소명, 목표에 다다를 수 있습니다.

'목표를 꼭 달성하고 말겠다'는 생각에 집착하면 길을 잃을 수 있습니다. 끊임없는 사색을 통해 지금 설정한 목표가 '진짜 나의 목표'인지 검증해야 합니다. 그런 목표라면 그것을 가로막는 어떤 장애물도 허용하지 않습니다. 타인의 생각이 반영된 어설픈 목표에는 힘이 없습니다. 하지만 내 정신으로 우뚝 세운 목표에는 강력한 힘이 있습니다. 올바른 목표라면 반드시 이루어집니다. 많은 이들이 성공을 바랍니다. SNS에는 수많은 사람이 새벽에 일찍 일어나 운동하고 책 읽고 영어 공부하고 소위 '미라클 모닝'을 인증하는 것을 볼 수 있습니다.

서점가는 항상 불황이라고 하지만 자기계발서와 돈을 버는 방법을 알려주는 책은 여전히 잘 팔립니다. 성공을 위해 노력하는 것은 좋습니다. 하지만 조급증은 내려놓는 것이 좋습니다. 성공하려면 진득하게 한 분야를 파면서 단련하는 시간이 필요합니다. 어떤 목표가 원하는 시간에 이루어지지 않을 수 있습니다. 목표의 달성 여부와 타이밍은 내맡겨버리세요. 간절히 바라며 인내하면 자기에게 가장 알맞은 시간에 적절한 방식으로 이루어집니다. 성공을 위해 열심히 뛰어가면서 조급해하거나 불안해하고 있지는 않나요?

# 64

내가 자신에 대해 아무것도 모르는 것

나 자신이 낯설고 생경하게 느껴지는 것

그것은 단 한 가지 원인에서 비롯된 것이다.


내가 나를 두려워하고

나로부터 도망치고 있기 때문이다.


*헤르만 헤세, 《싯다르타》*

# 고전 들여다보기

자신을 들여다보는 건 쉬운 일이 아닙니다. 두렵습니다. 왜냐하면 수많은 고정관념과 상처, 인정하기 부끄러운 감정으로 가득하기 때문입니다. 과거의 상처를 바라보면서 '아팠구나'라고 인정하기가 만만치 않습니다. 거울을 보며 힘겹게 말을 꺼내면 눈물이 왈칵 쏟아집니다.

나를 있는 그대로 바라보기가 두려워 외부의 대상을 붙여잡습니다. 대표적으로 인정받고 싶은 욕구, 생존의 욕구에 집착합니다. '공부를 잘해야 해 - 그래야 사랑받으니까', '돈을 많이 벌어야 해 - 그래야 가족들이 나를 인정하고 버리지 않으니까' 이런 생각은 나를 점점 더 자신에게서 멀어지게 합니다. 나에게서 도망치지 말고 직시해야 합니다.

자신에 대해 알아가는 방법은 무엇일까요? 먼저 몸과 대화해 보세요. 몸에서 보내는 신호를 정확하게 알아차리는 것이 도움이 됩니다. 일상 속에서 속이 쓰리거나 머리가 뜨겁고 불편하다면 그런 신호를 무시하지 마세요. '위장병 없는 직장인이 어디 있어?', '주말에 쉬면 나아지겠지'하면서 지나치지 마세요.

다음으로 자신의 감정을 들여다보세요. 자기가 어떤 상황에서 불편함을 느끼는지, 언제 내면의 충만감을 얻는지 살펴보세요. 해결되지 않는 감정이 있다면 내면과 깊이 있게 대화해 보아야 합니다. 명상이나 사색하는 독서, 글쓰기 모두 좋습니다. 오늘부터 내면과 대화하면서 일기를 써보면 어떨까요?

# 65

강에는 오직 지금 이 순간만 있을 뿐,

과거나 미래의 그림자가 존재하지 않습니다.


그 사실을 깨달았을 때 내 삶을 되돌아보니

내 삶 또한 한줄기 강물과 다름없더군요.

*헤르만 헤세, 《싯다르타》*

# 고전 들여다보기

강물은 쉬지 않고 흘러갑니다. 우리가 강이라고 인식할 수 있는 실체는 무엇일까요? 멈추지 않고 흘러가는 강물은 항상 새롭습니다. 조금 전 손에 닿았던 물은 이미 흘러가고 없습니다. 오직 '강'이라고 약속한 개념, 존재가 있을 뿐입니다.

강은 모든 것을 흘러보냅니다. 과거도 미래도 강의 현재에는 존재하지 않습니다. 흐르는 변화 자체가 강입니다. 우리는 종종 과거에 대한 후회와 미래에 대한 두려움으로 현재에 온전히 집중하지 못합니다. 그러면 '나'로 살 수 없습니다. 계속 휘둘립니다. 온전히 현재에 집중하기 위해서는 담아내지 말고 흘러보내야 합니다.

과거의 기억, 후회나 미래에 대한 걱정은 실재하지 않는 것입니다. 내 생각이 만들어내는 허상입니다. 과거와 미래의 일이 떠오르면 흐르는 강물처럼 흘러보내세요. 오직 현재라는 실상을 붙잡아보세요.

많은 명상가들은 현재에 집중하는 데에는 훈련이 필요하다고 말합니다. 특히 의식을 자신의 몸에 집중하라고 합니다. 그 방법으로 공통적으로 말하는 것이 '호흡'입니다. 평소보다 조금 더 천천히 숨을 들이쉬고 내쉬면서 그것을 바라보는 연습을 해보세요. 현재에 집중하는 데 도움이 됩니다.

*Chapter V*

# 사람은 무엇으로 사는가?

톨스토이 *Tolstoy, Lev Nikolaevich*

톨스토이(Lev Nikolayevich Tolstoy, 1828~1910)는 러시아를 대표하는 작가입니다. 인간의 심리를 파헤치고 사회의 모순을 예리하게 분석해낸 그의 글은 시공을 초월해 전 세계인들에게 사랑을 받고 있습니다. 그는 소설과 명상집 등 다양한 작품을 통해 삶에 대해 질문하고 답을 찾는 노력을 기울였습니다. '사람은 무엇으로 사는가?'를 끊임없이 물었습니다.

삶과 죽음, 행복, 사랑, 진리, 영혼, 노동의 가치, 학문, 믿음 등 인간이라는 존재의 다양한 측면을 탐구하며 깨달은 것을 나눠준 그는 인류의 교사, 예수 이후의 첫 사람이라고 불리기도 합니다.

하지만 그의 작품에서 보이는 성자와 같은 모습과는 달리 개인적인 삶은 다소 불안정했고 가족과의 불협화음도 심했습니다. 오히려 이런 모순적인 모습이 톨스토이의 인간적인 매력인지도 모르겠습니다.

그의 주요 작품 속 말을 통해 삶이란 무엇인지, 사람이란 어떤 존재인지 숙고하는 시간을 가져볼까요?

# 66

모든 인간은

자기만 생각하며 살아가는 것이 아니라

사랑으로 산다.

톨스토이, 《사람은 무엇으로 사는가》

# 고전 들여다보기

《사람은 무엇으로 사는가》라는 제목의 짤막한 소설에서 톨스토이는 벌거벗은 몸으로 인간 세계에 내팽개쳐진 천사가 신의 세 가지 질문에 대한 답을 찾아가는 과정을 보여줍니다. '인간의 마음속에 무엇이 있는가?', '인간에게 허락되지 않은 것이 무엇인가?', '사람은 무엇으로 사는가?'

그는 인간이 완전하지는 않아도 자기만 생각하는 이기심을 이겨내면서 다른 사람과 가진 것을 나누려고 하는 것, 사랑하는 마음을 가졌다는 사실을 알게 됩니다. 위의 세 가지 질문에서 첫 번째와 세 번째 질문의 답은 '사랑'입니다. 인간의 마음속에는 사랑이 있고 사람은 사랑에 의해 살아갑니다.

두 번째 질문에 대한 답은 자신의 육체를 위해 없어서는 안 될 것이 무엇인지를 알 수 있는 '지혜'입니다. 인간은 미래의 일을 알 수 없는 불완전한 존재입니다. 그렇기 때문에 결코 혼자 살아갈 수 없습니다. 서로 기대고 사랑하며 살아가야 하는 이유입니다.

자신이 아닌 다른 사람에게 완전한 사랑을 체험하기는 쉽지 않습니다. 우리가 어릴 때부터 경쟁을 통해 결핍과 두려움, 이기심 같은 것을 학습해서 가슴 속에 채워넣고 있기 때문입니다. 하지만 타인에 대한 사랑을 강렬하게 체험할 때가 있습니다. 그것은 바로 자식을 낳아 기르는 경험을 통해서입니다. 내 아이가 다른 사람과 다르게 느끼는 것은 또 다른 나라고 느끼기 때문 아닐까요?

# 67

모든 사람의 마음속에는 두 자아가 있다.

정신적 자아는

타인에게도 이익이 되는 행복을 추구한다.


동물적 자아는

온 세상의 행복을 기꺼이 희생시켜서라도

자신만의 행복을 추구한다.

톨스토이, 《부활》

## 고전 들여다보기

영화나 드라마를 보면 주인공이 어떤 선택을 하려고 고민할 때 한쪽에서는 천사가, 다른 쪽에서는 악마가 나타나 각기 다른 이유를 들어 설득하려고 합니다. 천사는 양심에 호소하고 악마는 이익, 욕망으로 유혹합니다.

톨스토이는 이것을 다른 말로 정신적 자아와 동물적 자아라고 말했습니다. 《부활》에서 주인공은 이 두 자아 사이에서 갈등하면서 흔들리다가 결국 정신적 자아의 손을 들어줍니다.

의식이 자기 피부 안에만 갇혀 있으면 동물적인 자아의 명령에 따르기 쉽습니다. 자기만을 위하는 행동의 결과가 다른 사람에게 어떤 영향을 미치는지 생각하지 못합니다. 항상 내 것을 빼앗기지는 않을까, 나에게 손해가 되지는 않을까 노심초사합니다. 두려움과 결핍의 의식 수준을 벗어나지 못합니다.

'나'라는 육체의 한계를 넘어 다른 사람을 바라보려 노력하면 공감하는 능력을 키울 수 있습니다. 사랑과 풍요의 의식 수준으로 나아갈 수 있습니다. 여전히 인류는 자기 이익을 위해 서로를 해치고 있지만 점점 정신적 자아로 의식을 확장해 갈 것이라 믿습니다.

# 68

다른 사람을 판단할 자격은 누구에게도 없다.

누구나 죄짓지 않은 사람이 없다.

따라서 남에게 벌을 주거나

교화할 수 있는 사람도 없다.

그러니 우리는 언제나

모든 사람을 몇 번이고 끝없이 용서해야 한다.

톨스토이, 《부활》

# 고전 들여다보기

성경에는 예수가 죄지은 한 여자를 돌로 치려고 하는 사람들을 향해 "죄 없는 자가 먼저 돌로 치라"라고 하는 장면이 나옵니다. 양심의 거울에 비추어 보았을 때 당당하게 '나는 죄가 하나도 없다'라고 할 수 있는 사람이 얼마나 있을까요?

사회질서의 유지를 위해 법률에 따른 판결은 어쩔 수 없어도 개인과 개인과의 관계에서 타인을 판단하고 정죄할 수 있는 권리를 가진 사람은 아무도 없습니다. 사랑과 용서가 우리의 삶을 평화롭게 할 수 있습니다.

'뿌린 대로 거둔다'는 말은 진실이지만 타인에게 벌줄 수 있는 사람은 어디에도 없습니다. 잘못한 행동에 대해서는 내면에 있는 양심이 벌을 줍니다. 양심으로 돌아갈 때 남에게 죄를 짓는 것이 곧 자신에게 죄를 짓는 것이라는 사실을 깨달을 수 있습니다. 다른 사람에게 죄를 지어 자신이 악하게 되었다는 양심의 인식이 바로 벌입니다.

내면의 양심이 아니라 외부에서 억지로 주어지는 벌은 사람을 변화시키지 못합니다. 죄를 지은 사람이 있다면 그의 양심을 일깨워주는 것이 현명합니다. 자기 죄는 누구도 벌할 수 없습니다. 오직 자신만이 벌할 수 있습니다. 죄를 짓는 순간 양심에 의한 벌은 시작됩니다.

# 69

타인에 대한

사랑과 동정을 잃어버린 인간을 바라본다는 건

정말 무서운 일이다.


배고프지 않을 때 먹는 것이 몸에 해가 되듯

사랑 없이 사람을 대하는 것은 해롭다.


사랑이 없으면

다른 사람을 대할 때 잔인함이 끝이 없게 된다.

*톨스토이, 《부활》*

# 고전 들여다보기

톨스토이가 바라본 러시아의 관료제도는 잿빛이었습니다. 높은 관직과 땅을 가진 자들은 부당한 특권을 누리면서 어떤 죄책감도 느끼지 않았습니다. 신분이 낮은 농노들에 대한 사랑도 연대 의식도 없었습니다. 그는 사람들 사이에서 사랑을 쉽게 발견하기 힘들었습니다.

저는 10시간이 넘는 비행을 한 적이 있습니다. 저도 지쳤지만 긴 비행시간 동안 탑승객을 미소로 대하는 승무원들에게 정말 고맙다는 생각이 들었습니다. 그래서 속으로 '고맙습니다'라고 몇 번을 말했습니다. 이런 마음이 전해졌는지 한 승무원이 저에게 다가와 정말 감사하다고 인사하고 하는 일이 잘되라고 행운을 빌어 주었습니다. 사랑으로 사람을 대하면 일상이 행복으로 차오릅니다.

타인을 사랑으로 대하면 내가 먼저 치유됩니다. 내 안의 문제에만 갇혀 있으면 마음이 바늘구멍보다 작아집니다. 하지만 다른 사람으로 의식을 확장하면 그동안 문제라고 생각했던 자신의 상황이 큰 문제가 아닌 것처럼 느껴집니다.

사랑은 작더라도 어떤 형태로든 실천해야 합니다. 그 사랑의 실천을 통해 자기 자신도 풍요로워지고 다른 사람도 행복해집니다. 작은 것부터 시작해 보세요.

# 70

다양한 종교가 존재하는 이유는
타인을 믿으면서 자기 자신은 믿지 않기 때문이다.

누구나 자신의 영혼을 믿으면
하나의 믿음으로 통일된다.
스스로 자기 자신을 믿어라.
모두 하나가 될 테니.

톨스토이, 《부활》

# 고전 들여다보기

작가들은 작품 곳곳에 자기 생각을 숨겨 둡니다. 톨스토이는 기존 종교의 권위에 문제의식 없이 귀의하기보다 자신의 영혼을 믿으라는 메시지를 전해줍니다. 사람은 존재 자체가 사랑입니다. 있는 그대로 완벽합니다. 다른 사람에게 자신의 행복을 의존할 필요가 없습니다.

자신을 믿는 것이 중요합니다. 스스로 자신을 어떻게 생각하느냐가 자기 운명을 결정짓습니다. 자신을 믿지 않고 타인에게 의존하는 마음은 정신을 녹슬게 합니다.

먼저 자기를 존경해야 합니다. '나는 쓸모없고 가치가 없어.'라고 생각하면 정말 그런 사람이 되어버립니다. 항상 자신을 존중하세요. 그리고 자기에 대해 정확하게 이해해야 합니다. 자기 이해 지능을 계발하기 위해 노력하세요. 자신과 자주 대화하고 내면이 전해주는 신호를 잘 수신해야 합니다. 그리고 필요할 때는 자신을 잘 통제할 줄도 알아야 합니다. 자기를 스스로 통제할 수 있다는 느낌은 자신에 대한 믿음을 더 강하게 해줍니다.

언제나 가장 먼저 믿어야 할 존재는 나 자신입니다.

# 71

자신의 신념을 따르며 사는 것은 힘들다.

매번 가벼운 즐거움만을 찾는

동물적 자아에 반하는 결정을 내려야 하기 때문이다.


하지만 타인을 따르면

동물적 자아에 맞는 방향으로 모든 것이 결정되어 있다.


내면의 신념을 따르면

항상 사람들의 질책의 대상이 된다.

하지만 타인을 따르면 사람들의 인정을 받는다.


톨스토이, 《부활》

# 고전 들여다보기

세상의 고정관념에 반하는 생각은 종종 저항에 부딪힙니다. 자신을 신뢰하면서 나만의 독특한 관점으로 세상을 해석하려고 드는 사람들은 이런 저항 때문에 순응해 버리거나 자신을 감춥니다.

타인을 신뢰하고 세상의 가치를 따라가면 힘들게 고민하거나 결심해야 할 일이 없습니다. 정해진 답에 맞게 행동하면 됩니다. 인정과 사랑을 받을 수 있는 가장 빠른 지름길입니다. 하지만 그 과정에서 내 자아는 조금씩 시들어갑니다.

인간의 가장 근원적인 욕구 중 하나가 인정욕구입니다. 누구나 다른 사람들에게 자신의 가치를 인정받으려 합니다. 특히 부모, 형제와 같이 가까운 관계에 있는 사람에게 질책받기 좋아할 사람은 없습니다.

그런데 주변 사람들이 모두 정신적인 자아를 추구하지는 않습니다. 결핍과 두려움에 빠져 있을 수도 있습니다. 다시 말해 우리와 가장 친밀한 관계에 있는 사람들이 완전하지 않다는 것입니다. 그들에게 인정받기 위해서는 입바른 말만 할 수는 없습니다. 적당히 자기 이익을 챙기고 현실적인 문제를 생각해야 합니다.

인정욕구를 충족하기 위해서 나만의 생각을 생산하고 자신을 신뢰하는 일을 게을리하고 있지는 않나요?

# 72

만약 사랑한다면 그 사람의 모든 것을 사랑하라.

현재의 그가 어떠한지를 사랑하라.

그가 어떠했으면 하고 내가 바라는 모습으로

그를 사랑하지 마라.

톨스토이, 《안나 카레니나》

# 고전 들여다보기

우리는 사랑할 때 상대의 실상을 보기 힘듭니다. 사랑의 대상을 우상화한 이미지를 사랑합니다. 좀 더 엄밀히 말하면 '그 사람이 이러이러했으면 좋겠다'는 허상을 그려놓고 그 모습에 집착합니다. 자신이 만들어놓은 상대의 허상에 어긋나는 말과 행동으로 인해 상처받습니다. 상대는 처음부터 그 사람 그대로입니다. 그런데 이런 상처가 쌓여가면서 '변했다'고 생각합니다.

사랑할 때는 허상에서 벗어나야 합니다. 그것이 진짜 사랑입니다. 내가 설정한 껍데기를 사랑하는 것은 사랑이 아니라 착각에 불과합니다.

'이상형'이라는 것은 하나의 허상에 불과합니다. 내가 마음대로 만들어낸 이미지에 딱 맞는 사람은 없습니다. 사랑은 존재의 인정입니다. 있는 그대로를 받아들이는 것입니다. 억지로 상대를 변화시키려는 것은 이기심일 뿐입니다.

우리가 물건을 사서 쓸 때는 자신에게 딱 맞는 적당한 것을 고릅니다. 발에 맞는 신발을 사고 자신에게 어울리는 옷을 고릅니다.

하지만 사람과 만남은 그렇게 할 수 없습니다. 자기 틀에 맞는 사람을 고를 수 있는 것이 아닙니다. 사랑은 자기의 틀을 넘어서는 체험입니다.

# 73

참된 스승은
인생에서 가장 중요한 것이 사랑이라고 가르친다.


사랑은 그대의 영혼 속에 살고 있다.
다른 사람이 곧 그대 자신임을 깨닫는 것
그것이 바로 사랑이다.

톨스토이, 《*The Thoughts of Wise Men*》

# 고전 들여다보기

사람이 세상에 태어난 이유는 무엇일까요? 나의 자아를 실현하는 것, 가치 있는 존재로 세상에 도움이 되는 것이 중요한 이유가 될 수 있습니다. 이와 더불어 사람들 사이에서 서로 사랑하는 것이 인생의 목적이 아닐까요?

고슴도치도 자기 자식은 귀여워한다고 합니다. 자식은 또 다른 나이기 때문입니다. 부모 자식과 이런 사랑을 주변으로 확장해보면 어떨까요?

모든 종교와 철학의 가르침의 끝은 사랑입니다. 사랑은 이론이 아니라 실천입니다. 전할 수 있는 것이 아니라 스스로 경험하는 것입니다. 지금 바로 마음을 열고 사랑 그 자체가 되어보세요.

사랑의 정의는 무엇일까요? 첫눈에 반하는 불타는 열정, 소소한 일상을 함께하는 즐거움, 뜻을 함께하는 동반자의 존재 등 여러 가지로 생각해 볼 수 있습니다.

사랑에 대해 어떤 정의를 내려도 중요한 것은 사랑 받는 것에 집중하지 말고 주는 것에 집중해야 한다는 것입니다.

우리 삶은 얼마나 많은 사랑을 받았느냐가 아니라 얼마나 많은 사랑을 베풀었느냐에 따라 가치가 정해지는 것 아닐까요?

# 74

그대 안에 살고 있는 영혼을 기억할 수 있다면
그대의 삶은 완전히 달라질 것이다.

그대는 산맥, 태양, 별과 같은 대자연에 감탄하지만
그대의 영혼과 비교한다면 모두 보잘 것 없는 것이다.

영혼은 세상에서 가장 강한 존재다.

톨스토이,《The Thoughts of Wise Men》

# 고전 들여다보기

톨스토이는 중년의 위기를 겪으며 문학가에서 종교 저술가로 탈바꿈합니다. 종교적인 문제에 천착하게 되는데요. 그래서 그가 죽음 직전에 쓴《The Thoughts of Wise Men》에는 명상적이고 종교적인 언어가 가득합니다.

톨스토이는 영혼을 '기억하라'고 합니다. 우리는 살아가면서 영혼이라는 우리 존재의 실상을 잊고 산다는 것입니다. 우리는 사라지는 존재가 아닙니다. 협소한 육신에 갇혀 물질적인 것만 생각하며 살아가는 존재가 아닙니다. 본질은 우주보다 더 크고 위대한 존재입니다.

유물론적인 세계관은 세상을 보는 하나의 관점을 제시해 주었습니다. 하지만 그 관점이 인간의 본질에 대해서는 편협한 시각을 갖게 한 것도 사실입니다.

인간에게는 DNA의 놀라운 능력으로 물질이 결합 되어 있는 육체라고만 정의하기에는 설명하기 힘든 '그 무엇'이 있습니다.

우리는 종종 세상에 홀로 내던져진 존재라는 느낌을 받습니다. 하지만 자신을 그저 잘 진화된 동물로 규정하는 시각에서 벗어나 영적인 존재라는 관념을 받아들인다면 연결성을 회복할 수 있습니다.

# 75

소박하게 식사하는 사람을 본받아라.

그대가 육체의 즐거움만을 추구하며 살아간다면

결국 진정한 기쁨을 느낄 수 없다.

톨스토이,《*The Thoughts of Wise Men*》

# 고전 들여다보기

육체는 우리에게 많은 것을 요구합니다. 때가 되면 먹어야 하고 잠을 자야 하고 성욕도 해소하고 싶어 합니다. 건강을 위해 운동도 열심히 해야 합니다.

하지만 이런 육체적인 욕구를 과하게 충족시키다 보면 기쁨에서 오히려 멀어집니다. 지나치게 많이 먹으면 비만이 되거나 소화불량으로 정신이 흐려집니다. 너무 많이 자면 오히려 더 피곤합니다. 성욕에 집착하면 허무합니다. 운동도 내 몸에 맞지 않게 과하게 하면 몸이 상하고 건강을 해치는 경우가 많습니다.

진정한 만족감을 느끼려면 몸의 요구를 적절하게 들어주어야 합니다. 배고픔을 해소할 정도로만 소식하고 내 몸의 리듬에 맞게 잠을 잡니다. 운동은 무리하지 않게 하면 휴식할 때 평안함을 느낍니다.

몸은 중요합니다. 우리는 몸을 통해 이 지구 위에서의 삶을 체험합니다. 산들바람을 느낄 수 있고 꽃향기를 맡을 수 있고 아이들의 웃음소리를 들을 수 있습니다. 하지만 몸에만 집착하면 인간으로 누릴 수 있는 기쁨의 절반도 얻지 못합니다.

진정한 만족감과 기쁨은 육체에만 있지 않습니다. 정신적인 기쁨을 위해 노력해보세요. 나는 어떤 것을 할 때 정신적인 만족감을 얻나요? 정신의 요구를 채워주기 위해서 나는 어떤 일을 하고 있나요?

# 76

지혜로운 자의 기쁨은 자신의 양심에 있지,

타인의 입술에 있는 것이 아니다.


그대의 삶과 영혼은 타인과 연결되어 있다.


그러므로

타인을 위한 선행은 곧 그대 자신을 위한 것이다.

톨스토이, 《*The Thoughts of Wise Men*》

# 고전 들여다보기

남들의 입술에 내 행복을 맡기는 것만큼 어리석은 일이 없습니다. 나에 대한 판단은 오직 내가 할 수 있는 것입니다. 다른 사람들이 나를 칭찬하든, 비난하든 나는 나 그대로입니다. 변하는 것은 없습니다. 의견은 각자가 살아오면서 가진 고정관념이나 판단기준에 따라 제각각입니다. 그 판단에 따라 내 행동의 가치가 달라지는 것은 아닙니다.

내 양심에 비추어볼 때 잘한 일이라면 그것은 누가 뭐래도 잘한 것입니다. 타인을 위해 한 일에 대해 다른 사람들에게 추가적인 칭찬을 받으려고 애쓸 필요가 없습니다. 선행은 곧 나를 위한 것입니다.

내면의 양심의 소리에 귀 기울이면 외부의 소리도 더 잘 들을 수 있습니다. 양심이라는 판단 기준이 확고하게 서 있기에 남이 하는 말을 걸러 들을 수 있습니다. 자기 기준이 확실하지 않으면 남들의 말에 일희일비하게 됩니다.

사람들이 완벽하지 않다는 것을 인정해야 합니다. 완벽하지 않은 다른 사람의 비위를 맞추려고 하면 엇박자가 납니다. 오직 자기의 양심에 따라야 합니다. 남들의 비난이나 칭찬은 아무 의미가 없습니다. 양심에서 우러나온 말이 아닌 경우가 대부분입니다.

# 77

그대의 생각은 손님과 같다.

손님이 좋다, 나쁘다 비난할 수는 없다.


하지만 그대는 나쁜 생각을 쫓아내고

좋은 생각을 지킬 수 있는 힘을 갖고 있다.

톨스토이, 《*The Thoughts of Wise Men*》

# 고전 들여다보기

내 머릿속에 떠오르는 생각이나 감정은 내가 아닙니다. 그것은 사건에 대한 내 해석, 반응일 뿐입니다. 그것 자체를 비난할 필요도 없습니다. 좋은 생각이 떠오를 수도 있고 나쁜 생각이 떠오를 수도 있습니다.

하지만 떠오른 생각을 말과 행동으로 발현하는 것은 나에게 달려 있습니다. 거꾸로 좋은 말과 행동을 하면 좋은 생각과 더 가까워집니다. 생각하는 방식이 달라지기 때문입니다. 의지의 힘으로 좋은 생각을 가까이 할 수 있는 것입니다.

모든 것은 자유의지입니다. 어떤 생각을 할지, 어떤 생각을 실제로 행동으로 옮길지는 완전히 자신에게 달려있습니다. 각자의 자유의지가 자기 삶을 창조합니다.

손님처럼 떠오르는 생각 중에서 어떤 것을 선택해도 괜찮습니다. 무엇이든 경험하고 배워간다는 관점에서는 모두 허용됩니다. 하지만 그런 생각으로 인해 겪어야 할 경험이 유쾌하지 않거나 그런 경험을 통해 굳이 더 배울 것이 없다면 그 생각을 선택하고 행동으로 옮기는 것을 피해야 합니다.

무엇이 나에게 좋은 생각인지는 각자가 판단해야 합니다. 좋은 생각을 지킬 수 있는 힘이 각자에게 있습니다. 모든 열쇠는 자신이 쥐고 있습니다.

# 78

꿈을 꾸기 위한 시간을 내라.

톨스토이, 《*The Thoughts of Wise Men*》

# 고전 들여다보기

몸의 근육을 단련하기 위해서 우리는 운동을 합니다. 특정한 부위에 자꾸 자극을 주면 그 부분의 근육량이 많아지고 단단해집니다. 시간과 에너지를 투입하면 근육을 단련할 수 있습니다.

이렇게 몸을 위해 운동하는 사람들은 많지만 꿈의 근육을 단련하기 위해 시간을 내는 사람은 별로 없습니다. 꿈도 계속 꿔야 합니다. 에너지를 집중해야 합니다. 대충 '이런 일이 일어났으면 좋겠다'라고 희미하게 생각해서는 이뤄지지 않습니다. 조금씩이라도 꿈만을 생각하는 시간을 가져야 합니다.

이마에 땀이 맺히도록 열심히 일한다고 원하는 것을 얻을 수 없습니다. 육체적으로 물리적인 에너지만 투입한다고 해서 꿈이 이뤄지지는 않습니다. 정신적인 에너지를 함께 활용해야 꿈을 더 확실하게 빨리 이룰 수 있습니다.

우리가 꿈에 집중할수록 꿈은 커지고 구체화 됩니다. 하루에 10분이라도 명상하고 일기를 쓰면서 꿈에 집중해 보세요. 나의 꿈이 조금씩 자랍니다.

# 79

죽음을 앞둔 사람의 행동은
다른 사람들에게 깊은 인상을 준다.


따라서
잘 사는 것도 중요하지만
잘 죽는 것이 더욱 중요하다.

톨스토이, 《*The Thoughts of Wise Men*》

# 고전 들여다보기

죽음을 예감하고 준비하는 사람의 행동은 주변 사람들에게 울림을 줍니다. 먼저 그들은 죽음을 받아들입니다. 자신이 유한한 존재라는 사실에 겸손해집니다. 그리고 내면의 소리에 귀 기울입니다. 살아갈 날이 얼마 남지 않았기에 진정으로 자신이 원하는 것이 무엇인지 스스로 진지하게 묻습니다. 그리고 사소한 것들에 집착하지 않습니다. 인생에서 정말로 중요한 것, 내가 지상에 있는 동안 꼭 해야 할 일이 아닌 것은 모두 내려놓습니다.

죽음의 순간에 가장 후회하는 것은 무엇일까요? 진정으로 원하는 것을 하지 못하고 나답게 살지 못한 것에 대한 후회입니다. 좋은 죽음은 삶에 아쉬움이나 후회가 없는 것입니다. 지금 내가 하는 일 중에서 중요한 것과 그렇지 않은 것을 구분하고 우선순위를 조정해 보세요.

우리에게 죽음은 가장 큰 도전입니다. 동시에 가장 큰 질문을 던집니다. '유한한 삶에서 무엇을 가장 우선순위에 둘 것인가? 며칠 뒤에 세상을 떠난다면 지금 당장 무엇을 할 것인가? 무엇을 해야 후회가 없을 것인가?' 같은 질문입니다.

건물 붕괴, 해상 조난, 비행기 추락 등 대형 사고를 당할 때 사람들은 휴대전화로 사랑하는 이와 통화하거나 메시지를 남깁니다. 죽음을 앞두고 회사 일을 걱정하거나 돈문제를 고민하지 않습니다. 죽음의 순간 가장 중요한 것은 사랑하는 사람입니다.

사랑하는 사람에게 지금 바로 사랑한다고 말해보세요.

# 80

그대가 진정으로 일에 몰두하고 있다면 삶이 단순할 것이다.

쓸데없는 일에 마음을 쓸 겨를이 없기 때문이다.

톨스토이, 《The Thoughts of Wise Men》

# 고전 들여다보기

　단순함은 성공한 사람들의 공통점입니다. 해야 할 일에만 집중하기 때문에 다른 것을 생각할 겨를이 없습니다. 쓸데없는 일에 마음을 빼앗기는 것은 해야 할 일이 없기 때문입니다. 혹은 해야 할 일이 있음에도 불구하고 그것에 큰 가치를 부여하지 못하기 때문에 집중하지 않으려고 합니다.

　가치 있다는 생각이 들지 않는 일은 조금만 흥미가 떨어져도 하기 싫어집니다. 피하고 싶어집니다. 반면 '이것이야말로 평생 내가 할 일이다'라고 생각하면 밥 먹는 것을 잊어버리면서 몰두할 수 있습니다. 설령 조금 재미가 없어도 묵묵하게 견디면서 해냅니다.

　이렇게 자기 일에 가치를 부여하고 몰두하는 사람은 행복합니다.

　자기가 할 일을 찾고 그 일에 몰두하고 있을 때는 자신에게 알맞은 리듬으로 모든 것이 흘러갑니다. 무엇이든 딱딱 맞게 굴러간다는 느낌이 듭니다. 일이 즐거우면 삶은 행복합니다. 무속인을 찾아가 운명을 물어볼 필요도 시간도 없습니다. 하지만 일이 돈을 벌기 위해 해야만 하는 의무가 되면 인생은 지옥과도 같습니다. 여기저기 기웃거리고 시간을 낭비하게 됩니다.

　당신은 어떤 일에 몰두하고 있나요? 진정으로 몰두하고 싶은 일을 찾아보세요. 그런 일을 찾으면 반은 성공한 것입니다.

# 81

노동 후의 휴식이야말로 육체의 가장 큰 기쁨이다.

세상의 그 어떤 오락거리도 이 기쁨과 비교할 수 없다.

나태에 빠진 육체는 영혼을 고양할 수 없다.

톨스토이,《*The Thoughts of Wise Men*》

# 고전 들여다보기

육체는 내 꿈을 실현하기 위한 하나의 도구입니다. 깨어 있는 정신은 육체를 지배합니다. 하지만 육체도 정신에 영향을 줍니다. 머리가 복잡하고 생각이 정리되지 않을 때는 걸어보세요. 몸을 움직이면서 정신이 깨어납니다.

에스키모인들은 화가 나면 그 화가 풀릴 때까지 얼음 위를 걸어갑니다. 그리고 분노가 가라앉으면 걸어왔던 길을 다시 돌아옵니다. 몸을 움직이면서 감정을 다스리는 것입니다. 몸을 게으르게 내팽개쳐두면 정신도 나약해집니다.

독일 하이델베르크에는 '철학자의 길'이라는 산책로가 있습니다. 55명의 노벨상 수상자를 배출한 하이델베르크 대학교에서 차로 7~8분 거리에 있는 이 산책길을 걷다 보면 자연스럽게 철학적인 사색에 잠긴다고 해서 이런 이름이 붙었습니다.

니체는 '진정으로 위대한 모든 생각은 걷기로부터 나온다'고 말했습니다. 뇌는 몸과 연결되어 있습니다. 몸을 부지런히 움직이면 뇌가 깨어납니다. 굳어있는 머리가 깨어나기를 바란다면 지금 당장 걸어보세요.

# 82

일을 제대로 하려면 그 방법을 알아야 한다.

그대가 원하는 삶을 살고 싶다면

원하는 것을 어떻게 해야 하는지 방법을 알아야 한다.

톨스토이, 《The Thoughts of Wise Men》

# 고전 들여다보기

원하는 삶을 사는 방법은 무엇일까요?

먼저 과감하게 나를 성장시키는 것, 좋은 것을 선택해야 합니다. 방향을 정했으면 그것을 이루는 방법을 제대로 알고 실천하면 됩니다. 그런데 이 방법은 스스로 깨우칠 수도 있지만 이미 그것을 이룬 사람을 통해 배우면 시간을 줄일 수 있습니다. 내가 하고 싶은 일은 누군가가 이미 이뤘을 가능성이 높습니다. 방법이 없는 것이 아니라 게으름 때문에 찾지 못하는 것입니다.

이루려는 목표를 정했다면 그것을 이루는 가장 빠르고 정확한 방법을 찾으세요. 구하면 얻을 수 있습니다.

원하는 일을 제대로 하기 위해서는 부지런히 방법을 찾아야 합니다. 실패하는 방식을 고수하면 시간과 기운만 낭비됩니다. 실패의 과정에서 잘못된 방법을 알았다면 자신의 방법보다 더 좋은 방법이 항상 있을 수 있다는 열린 마음으로 더 좋은 방법을 끊임없이 찾는 것이 현명합니다.

완전히 새로운 분야가 아니라면 내가 원하는 것을 이미 이룬 사람을 찾아가 그의 경험과 노하우를 배워 보세요. 그렇게 하면 그 사람이 실패하면서 흘려보낸 시간만큼 벌 수 있습니다. 방법을 제대로 알면 훨씬 더 빨리 이룰 수 있습니다.

# 83

죄를 짓고 받는 벌보다

그대의 영혼이 죄에 물들어 서서히 파멸해가는 것이

더 무거운 벌이다

톨스토이, 《*The Thoughts of Wise Men*》

# 고전 들여다보기

　죄에 대한 처벌은 외부에서 오는 것입니다. 이것은 일시적입니다. 시간과 몸으로 때우면 지나갑니다. 더 무서운 것은 자신의 양심이 마비되어 버리는 것입니다. 처음 선을 넘기는 어렵지만 한 번 넘으면 이후에는 문제의식이 점점 없어집니다.

　서서히 온도가 올라가는 비커 속의 개구리는 평소와 다름없다고 여기며 물속을 유유히 헤엄치지만 자기도 모르는 사이 어느새 삶아져 버립니다.

　양심도 조금씩 죄에 물들어 가면서 어느 순간 완전히 마비되어 돌처럼 굳어져 버립니다. 사람은 양심에 따라 살아야 합니다.

　단테의 〈신곡〉은 주인공 단테가 그의 멘토 베르길리우스와 지옥과 연옥을 둘러보고 베아트리체와 함께 천국을 경험하는 내용입니다. 연옥에는 빛이 들어오고 죄를 씻으며 천국으로 갈 준비를 하는 희망의 장소이지만 지옥은 빛조차 들어오지 않으며 영원히 벌을 받는 암울한 곳으로 묘사됩니다.

　흥미로운 것은 지옥에 있는 영혼들은 자신들의 죄를 뉘우치거나 양심의 가책에 대해 거의 말하지 않는다는 것입니다. 그들은 예전의 영화로웠던 시기를 회상하거나 지옥에서의 고통에 대해서 불평합니다. 아마도 양심의 감각이 마비되는 것이 지옥이 아닐까요?

# 84

고통과 실패가 없다면
행복과 성공을 무엇과 비교할 것인가?


작은 문제는 그대의 균형을 잃게 하지만
큰 문제는 그대를 영혼의 삶으로 이끈다.

톨스토이, 《*The Thoughts of Wise Men*》

# 고전 들여다보기

우리는 모든 것을 상대적으로 인식합니다. 큰 것은 작은 것이 있기에 크다고 인식할 수 있습니다. 빛은 어둠이 있기에 밝다는 것을 알 수 있습니다. 인생에 기쁨과 행복만 있다면 그것이 좋은 것인지 나쁜 것인지 알 길이 없습니다. 한마디로 재미가 없습니다.

행복과 성공은 고통, 괴로움과 실패를 통해 인식할 수 있습니다. 시련과 고통의 강도가 클수록 우리는 인생의 본질적인 문제를 고민할 수 있습니다. 새로운 세상에 눈을 뜨고 새로운 생각을 할 수 있습니다.

시련이나 고통이 없으면 문제의식을 갖기 힘듭니다. 사는 것이 마냥 즐겁고 행복하며 아무런 부족함이 없다면 해결할 문제가 없습니다. 해결할 문제가 없으니 고민하지 않고 고민하지 않으면 발전이 없습니다.

어떤 의미에서 시련과 고통은 축복입니다. 성장의 발판이 될 수 있습니다. 시련은 우리의 심신을 잠깐 지치게 할 수는 있지만 완전히 꺾을 수는 없습니다. 시련은 그것에 무너지고 포기하라는 신호가 아니라 더 큰 사람이 되라는 채찍질이 아닐까요?

# 85

육체의 욕망은

무엇인가를 더 달라고 징징대는 아이와 같다.

줄수록 더 많은 요구가 끊임없이 이어진다.

톨스토이, 《*The Thoughts of Wise Men*》

# 고전 들여다보기

로마 제국은 교만함과 향락으로 인해 멸망했습니다. 로마의 쇠퇴기에 귀족들은 사치스러운 파티를 열었습니다. 그들은 최대한 많은 음식을 맛보기 위해 음식을 먹으면서 목구멍을 자극해서 토한 뒤에 다른 음식을 또 꾸역꾸역 집어넣었습니다. 식욕을 해소하기 위해 음식을 먹은 것이 아니라 식탐이라는 욕망의 노예가 된 것입니다. 사람이 음식을 먹는 게 아니라 음식이 사람을 집어삼킨 것입니다.

육체의 욕망은 한계가 없습니다. 욕구의 해소는 적정 수준까지만 해야 합니다. 욕구가 욕망으로 변질되지 않도록 절제하는 미덕이 필요합니다.

몸에서 거부하는데도 폭식하는 사람들이 있습니다. 어떤 사람들은 괴로워하면서도 술, 약물, 담배 등에 중독되기도 합니다. 평생 써도 다 쓰지 못할 만큼 돈을 벌어들인 부자 중에도 더 많은 돈을 원하는 사람들이 있습니다. 욕망을 통제할 수 없는 것, 만족스러운 수준을 넘어 끊임없이 욕망하는 것은 무언가 결핍되었다는 느낌을 채우기 위해서입니다.

사람들은 누구나 완전함의 느낌을 추구합니다. 하지만 육체적인 욕망이나 이기심을 채우는 방식으로는 이런 느낌을 얻을 수 없습니다. 그러나 많은 이들은 그 사실을 깨닫지 못하고 끊임없이 욕망을 더 키워나갑니다. 완전함의 느낌은 욕구의 적절한 통제와 정신적인 즐거움을 통해 얻을 수 있습니다.

# Chapter VI

운명에 당당하게 맞서라

호메로스 *Homeros*

호메로스는 고대 그리스의 서사시인으로 알려져 있습니다. 실존
인물인지 아닌지 정확히 알 수 없습니다. 하지만 그의 작품 《일리아
스》와 《오디세이아》가 서양 문학의 원형, 뿌리가 된 것은 누구도 부인
할 수 없는 사실입니다. 《소크라테스의 변명》에 보면 소크라테스도
자신의 변론에서 호메로스의 《일리아스》를 인용하고 있습니다.

알렉산더 대왕은 《일리아스》에 나오는 그리스의 영웅 아킬레우스
를 자신과 동일시했습니다. 그는 전장에도 《일리아스》를 갖고 다니
면서 애독했다고 전해집니다. 로마의 베르길리우스는 호메로스의 작
품의 내용과 형식을 참고하여 《아이네이스》를 지었습니다. 이 서사
시 전통은 단테의 《신곡》에서도 계승됩니다. 단테는 심지어 《신곡》
에 지옥과 연옥의 길잡이로 베르길리우스를 소환하기도 합니다.

《일리아스》와 《오디세이아》의 배경은 트로이 전쟁입니다. 《일리아
스》는 10년 트로이 전쟁의 막바지 50여 일의 기록이고, 《오디세이아》

는 전쟁을 마치고 돌아오는 이타케의 왕 오디세우스의 이야기입니다.

호메로스는 자신의 작품에서 죽음, 전쟁, 배신과 같은 운명에 맞서는 사람들의 이야기를 다룹니다. 운명에는 순응해야 합니다. 하지만 순응은 단순히 두 손 들고 무기력하게 수용하는 것만은 아닙니다. 《일리아스》에서 죽을 운명임을 알고도 명예를 지키는 아킬레우스의 결의를 볼 수 있습니다. 《오디세이아》에서는 끊임없이 이어지는 고난과 부하들의 배신에도 불구하고 끝내 자신의 고향에 도착해 자신의 왕좌를 되찾는 오디세우스의 불굴의 의지를 볼 수 있습니다. 눈 앞에 펼쳐지는 비극적인 현실에 좌절하지 않고 그 속에서 자신의 할 일을 명예롭게 해내는 영웅들의 마음을 배울 수 있습니다.

호메로스의 두 작품은 대중들 앞에서 일정한 운율로 읽는 것을 전제로 쓰인 서사시입니다. 운율을 맞추기 위한 장황한 표현도 있고 다소 어색한 부분도 있습니다. 이 Chapter에서는 이해의 편의를 위해 일부 표현의 각색이 다소 많은 점을 참고해 주시기 바랍니다.

# 86

흔들리지 말고 용기를 내라.
굳건히 명예를 지켜라.
전투에서 도망치는 비겁한 자는
생명과 명예를 모두 잃지만
불명예를 두려워하는 자는
그 둘을 모두 얻을 것이다.

호메로스, 《일리아스》

# 고전 들여다보기

《일리아스》를 보면 그리스 연합군과 트로이군이 일진일퇴를 거듭합니다. 이 장면은 그리스 연합군 총사령관 아가멤논이 그리스군 사이를 돌아다니며 사기를 올려주는 부분입니다.

명예, 체면과 같은 단어를 들으면 자칫 부정적인 느낌이 들 수 있습니다. 사전적 정의를 살펴보면 명예는 세상에서 훌륭하다고 인정되는 이름이나 자랑, 또는 그런 존엄이나 품위, 체면은 남을 대하기에 떳떳한 도리나 얼굴로 풀이합니다. 이렇게 보면 명예나 체면은 자신의 본질과 크게 관계없이 남의 평가에 의존하는 사람들이 중요하게 생각하는 가치라고 생각하기 쉽습니다. 하지만 명예나 체면은 자각을 전제로 합니다. 스스로 명예롭다는 자각, 자신과 남에게 부끄럽지 않다는 자각입니다. 남의 평가보다 중요한 것은 자신에게 떳떳한 것입니다. 전쟁터에서 도망치는 사람은 더러 목숨을 구할 수는 있겠지만 스스로 자괴감을 느낄 것입니다. 당연히 명예가 주어지지도 않을 것입니다. 우리는 일상에서도 전쟁과도 같은 상황을 마주합니다. 내가 마무리해야 할 프로젝트, 경제적인 문제, 가족 간의 의견 대립, 이웃과의 층간소음 문제 등 해결해야 할 상황은 수도 없이 많습니다. 이때 상황이 자신에게 유리한지, 그렇지 않은지를 기준으로 앞으로 나설지 말지를 결정하는 것은 현명하지 않습니다. 내가 책임져야 할 문제인지, 그렇지 않은지를 생각해야 합니다. 내가 책임져야 할 일상의 전투에서도 도망치지 않는 것이 진정 명예로운 것이 아닐까요?

# 87

언젠가 우리에게

멸망의 날이 오리라는 것을 알고 있지만

항상 용감하게 선두에서

명예를 지키도록 배웠기에

전투에서 물러설 수 없소.

호메로스, 《일리아스》

# 고전 들여다보기

헥토르는 트로이의 왕자이자, 가장 용맹한 장수입니다. 그는 아내에게 '트로이가 멸망 당할 것을 알면서도 명예를 지키기 위해 싸우겠다'고 말합니다.

난파되는 배의 선장은 그 배의 운명을 알고 있습니다. 배를 버리고 떠나지 않으면 배와 함께 침몰해 버리고 만다는 사실이 자명한데 배와 함께 죽음을 택하는 선장은 어떤 심정일까요?

명예, 명성을 지키기 위해 무의미한 희생을 하는 것은 아닐까요?

선장에게 배는 자신과 분리할 수 없는 존재입니다. '배가 곧 나'입니다. 목숨을 바쳐 운명을 함께 하는 '그 무엇인가'는 나와 정체성이 분리되어 있지 않은 나 자신입니다.

배를 버리고 목숨을 건진 선장은 비난받아 마땅한 것일까요?

어떤 선장은 자기 정체성의 가장 중요한 부분을 배의 선장으로, 배와 떨어질 수 없는 존재로 규정합니다. 그리고 배가 침몰하면 배와 운명을 함께 합니다. 다른 선장은 선장을 자신의 직업으로 생각하지만, 자기 정체성은 누구누구의 아버지, 남편으로 규정할 수 있습니다. 그러니까 배가 침몰하면 탈출하는 것이 정상입니다.

자신의 정체성은 스스로 규정하는 것입니다. 사회적으로 강요할 수 없습니다. 하지만 그 위치에서 일반적으로 기대되는 기본적인 도덕성은 가져야 합니다. 선장이 다른 승객이나 승무원들의 안전을 살피지 않고 먼저 탈출했다면 비난의 대상이 되는 까닭이겠죠.

# 88

다가오는 적을 보고

두려움에 심장이 두 배로 빠르게 뛸지라도

스스로 도전한 이상 달아날 수 없다.

호메로스, 《일리아스》

# 고전 들여다보기

트로이의 왕자 헥토르는 의미 없는 희생을 막고 트로이군의 사기를 높이기 위해 그리스군에 1:1 대결을 제안합니다. 처음에 그리스군은 헥토르의 용맹이 두려워 선뜻 누구도 나서지 않았지만 곧 용맹한 장수들이 일어납니다. 이 중에서 제비뽑기로 아이아스가 1:1로 대결 상대로 결정됩니다. 아이아스는 그리스군에서 아킬레우스에 버금가는 용맹한 장군으로 무시무시한 힘과 체구를 자랑했습니다.

아이아스의 모습을 보고 헥토르는 심장이 떨립니다. 하지만 이미 엎질러진 물이었죠. 이제 도망갈 곳도 도망갈 수도 없습니다. 맞서 싸우는 수밖에 없습니다.

때로는 삶의 여정에서 배수진을 치고 일을 저질러야 할 때가 있습니다. 한계를 깨고 도약하기 위해 자신을 몰아세우는 것입니다. 일을 저질렀으면 도망치지 말고 용기를 불러일으켜 자신의 한계를 이겨내야 합니다. 용기는 행동으로 증명해야 합니다. 친한 지인들과의 술자리에서는 누구나 정의롭고 용감합니다. 세상의 불의를 심판하고 정의를 바로 세우려는 투사들로 가득합니다.

하지만 막상 현실에서 신념대로 행동하기는 쉽지 않습니다. 손해 볼 것이 뻔히 눈앞에 보이고 때로는 비난받기도 합니다. 무언가를 희생하지 않고는 용기를 증명할 수 없습니다. 꼭 해야 하는 일인데 도저히 용기가 나지 않는다면 자신을 의도적으로 몰아붙여서 한계 상황을 만들어 보세요.

# 89

사죄의 여신은 모욕의 여신 뒤를
끊임없이 따라 다니기만 한다.

호메로스, 《일리아스》

# 고전 들여다보기

상대에게 진심 어린 사과를 바라는 일이 종종 일어납니다. 권력과 힘을 가진 자가 부당하게 상대를 억압하고 모욕했을 때, 피해자들은 법적인 조치와 더불어 예외 없이 진심 어린 사과를 요청합니다. 사과를 제대로 하면 다른 벌은 주지 않고 용서해 주겠다고도 합니다. 하지만 그런 사과를 받아내기란 쉽지 않습니다.

사과는 돈이 들지 않습니다. 잘못을 뉘우치고 진심을 보여주면 됩니다. 그런데 왜 이렇게 진심 어린 사과를 받기 힘든 것일까요? 사람은 쉽게 미망에 휩싸여 자신을 있는 그대로 객관적으로 바라보지 못합니다. 잘못을 저지르고 일이 커지면 진심으로 잘못했다고 생각하기보다는 재수가 없다고 치부해 버립니다. 마음속에서는 잘못을 인정하지 않는 것입니다.

누구나 실수하고 잘못할 수 있습니다. 사람에 대한 평가는 어떤 실수나 잘못이 아니라 그 이후에 어떤 태도를 보이느냐에 따라 이뤄져야 합니다. 사죄할 수 있는 것도 일종의 능력입니다. 교육과 훈련이 필요합니다. 분명히 자신이 잘못했다는 것을 알면서도 사죄하지 못하는 것은 그에 대한 잘못된 관념이 있기 때문입니다. 사죄하는 것을 수치스럽다고 느끼거나 사죄하면 자존심 상하고 상대보다 못한 사람처럼 보일지도 모른다는 두려움이 있으면 쉽게 사죄하지 못합니다.

잘못하면 자연스럽게 사과하는 연습을 해 보세요. 건강한 관계를 형성할 수 있습니다.

# 90

분노는 꿀보다 달콤해서

현명한 자들의 가슴 속에

불을 지르고

연기처럼 커진다.


아무리 고통스러워도

과거의 망령에 헛되이 메이지 말라.

과거는 이미 지나가 버려 되돌릴 수 없다.

호메로스,《일리아스》

# 고전 들여다보기

트로이 전쟁에서 그리스 연합군 최고의 전사 아킬레우스는 자신의 전리품을 빼앗은 총사령관 아가멤논에게 크게 분노합니다. 자신의 명예를 더럽히고 리더로서 해서는 안 될 일을 한 것이지요.

분노는 꿀처럼 달콤합니다. 분노해야 '마땅하다'고 믿는 상황이 벌어지면 그 꿀통 속에 빠져버립니다. 하지만 분노의 끝은 씁쓸하고 쓸쓸합니다. 아킬레우스는 분노한 나머지 전쟁에 참여하지 않고 그리스 연합군이 위기에 처하는 모습을 지켜만 봅니다. 그러다 가장 소중한 친구를 잃고 뒤늦게 후회합니다. 하지만 과거는 이미 지나가 버렸고 되돌릴 수 없습니다.

분노하는 사람을 가만히 관찰해보면 평소와 다르게 무언가에 사로잡혀 있다는 것을 느낄 수 있습니다. 감정을 주체하지 못해 길길이 날뛰는 사람들은 불쌍합니다. 사랑의 에너지 대신에 자기와 남을 해치는 에너지로 가득합니다.

화를 내면 일시적으로 주변 사람들이 조용해지면서 나에게 집중합니다. 주위 사람들이 분노의 감정에 공감하고 미안해하기도 합니다. 이런 일시적인 달콤함에 취해 자주 분노하면 습관이 되어 조절하기 힘들어질 수 있습니다. 내가 감정의 주인이 아니라 노예가 되는 것입니다. 분노라는 감정의 노예가 되면 노예의 현실이 펼쳐집니다. 관계가 어그러지고 평온한 상태를 유지하기 힘들어집니다.

# 91

신의 정원에는 두 개의 항아리가 있다.

하나에는 나쁜 선물이

다른 하나에는 좋은 선물이 들어있다.

운명을 받아들이고 눈물을 멈춰라.

*호메로스, 《일리아스》*

# 고전 들여다보기

트로이의 왕 프리아모스는 자기 아들 헥토르의 시신을 찾기 위해 그리스의 장군 아킬레우스를 찾아갑니다. 프리아모스는 아킬레우스에게 늙은 아버지를 생각해 보라고 하면서 자식의 시신을 찾으러 온 자신을 불쌍히 여겨 달라고 합니다. 프리아모스는 죽은 아들을 생각하며 아킬레우스는 아버지와 죽은 친구를 그리워하며 함께 눈물을 흘립니다. 어떤 명분을 가졌다고 하더라도 전쟁은 인간으로 하여금 눈물을 흘리게 합니다.

아킬레우스는 좋은 일과 나쁜 일은 번갈아 우리 삶에 찾아오는 것이니, 트로이의 왕에게 너무 슬퍼하지 말라고 합니다. 벌어지는 사건에 대한 감정은 충분히 경험해야겠지만 감정에 지나치게 빠져 헤어나지 못하는 것은 삶의 현실에 도움이 되지 않고 오히려 값진 경험의 가치를 떨어뜨릴 수도 있습니다.

우리는 살아가며 겪는 일에 좋은 것, 나쁜 것이라고 이름 붙입니다. 판단하는 것이지요. 하지만 무엇이 좋은지, 무엇이 나쁜지 바로 알기는 어렵습니다.

미처 생각지 못한 사고로 신체장애를 얻으면 보통 나쁜 일이라고 생각하지만 오히려 그 일을 계기로 새로운 삶을 시작할 수도 있습니다. 때때로 운명은 우리에게 가혹한 선물을 줍니다. 하지만 이 선물이 정말로 나쁜 것인지, 어떤지는 삶의 마지막에 가서야 깨닫게 되는 것 아닐까요?

# 92

죽음에 대해 쉽게 말하지 말라.

세상을 떠난 자들 사이에서 권세를 누리느니,

지상에서 가난뱅이의 머슴이 되는 편이 낫다.

호메로스, 《오디세이아》

# 고전 들여다보기

모든 인간에게 공평한 것이 바로 죽음입니다. 그리스 신화에 나오는 제우스와 같은 막강한 신도 자신이 사랑하는 자식을 죽음의 손아귀에서 구해내지 못합니다. 죽음의 운명은 피할 수 없습니다.

삶은 유한하기 때문에 더욱 소중합니다. 현실에서 만나는 사람 한 명 한 명, 풀꽃 하나하나, 풀벌레 소리도 소중합니다. 끝이 있다는 것은 순간의 가치를 끌어올립니다.

오디세우스는 저승에서 죽은 자들을 다스리는 아킬레우스를 만납니다. 그리고 통치자인 그의 행복, 영광을 칭송합니다. 하지만 아킬레우스의 반응은 차갑습니다.

죽음의 세계에서 아무리 추앙받는다고 하더라도 몸을 가지고 부대끼는 삶이 더 가치 있습니다. 삶이 가장 큰 선물이고 축제입니다. 살면서 이뤄 내는 것이 가장 큰 기적입니다.

죽음 이후의 삶을 칭송하려는 시도는 위태롭습니다. 그것은 현실 삶의 행복을 볼모로 하거나 희생을 은근히 강요하는 것일 수도 있기 때문입니다. 우리는 죽음을 눈앞의 현실과 다른 멋진 세상의 약속이 아니라, 삶을 의미 있게 살라는 메시지로 받아들여야 합니다. 중요한 것은 지금 이 순간의 삶입니다. 현재의 삶을 피하지 말고 고개를 똑바로 들고 바라보아야 합니다. 불완전한 것이라 여기지 말고 긍정해야 합니다. 나에게 주어진 선물이기 때문입니다.

# 93

고통을 참는 마음으로

나는 견뎌낼 것이다.

나는 이미 파도와 전쟁의 위험 속에서

많은 고난을 겪었고

그 이야기에 이번 고난을 덧붙일 뿐이다.

호메로스, 《오디세이아》

# 고전 들여다보기

오디세우스는 트로이 전쟁이 끝나고 고향으로 돌아가는 길에 수많은 고난에 처합니다. 그럴 때마다 그는 좌절하거나 하늘을 원망하거나 하지 않습니다. 오히려 당당하게 맞이합니다.

인생은 고난의 연속입니다. 한고비를 넘었다 싶으면 또 다른 고비가 옵니다. 그렇다고 삶을 비관할 필요는 없습니다. 이 고난 뒤에는 평화가 찾아오기 때문입니다. 현명한 사람이 시련에 대처하는 자세는 그것을 기꺼이 맞이하는 것입니다. 피하려고 발버둥 쳐도 운명을 저주해도 바뀌는 것은 아무것도 없습니다. 내 삶의 이야기는 내가 써 갑니다. 새로운 고난은 나의 이야기를 더욱 풍부하게 해주는 재료입니다.

어떤 일도 일어날 수 있습니다. 절대로 겪지 말아야 할 일은 없습니다. 우리가 일어나면 안 된다고 생각한들 일어날 일은 일어납니다.

현실을 너무 심각하게 받아들이면 견디기 힘듭니다. 고난이 올 때마다 좌절할 수는 없는 노릇이죠. 한 편의 드라마를 보듯 고난이 다가오면 '올 것이 왔군, 흥미로워지는데'하고 그냥 웃어버리세요.

고난을 이겨내는 가장 효과적인 무기는 웃음입니다. 그러면 어떤 상황도 우리를 정말로 다치게 할 수 없습니다. 웃는 사람에게는 어떤 운명도 가혹하지 않습니다.

# 94

가슴 속 두려움을 버려라.

어떤 상황에서든

용기 있는 사람에게 행운이 깃든다.

호메로스, 《오디세이아》

# 고전 들여다보기

오디세우스는 고향길로 돌아가던 중 난파를 당했다가 낯선 땅에서 정신을 차립니다. 그는 그곳을 다스리는 알키노스 왕을 만나러 가면서 용기를 북돋아 주는 아테나 여신의 목소리를 듣습니다. 수많은 시련 속에서 전우들을 잃고 혼자 몸이 되었다고 의기소침해 있지 말고 용기를 내어 현실에 당당하게 맞서라는 메시지입니다.

어려움에 부닥쳤다고 해서 기세가 꺾이면 안 됩니다. 용기 있는 마음과 당당한 기세에 좋은 운이 깃듭니다.

하늘은 스스로 돕는 사람을 돕습니다. 어려운 상황이라고 해서 좌절하고 남 탓하면서 게으름 피우는 사람에게는 행운이 찾아오지 않습니다. 뜻이 있다면 일시적으로 흔들릴지언정 언젠가는 꿈꾸는 목표에 도달할 수 있습니다.

고난 속에서는 의기소침하기 쉽습니다. 하지만 그럴 시간이 있다면 문제 해결 방법을 찾는 편이 낫습니다. 어딘가에는 빠져나갈 길이 있습니다. 시련 속에서 오히려 분발해야 하는 이유입니다. 고난을 이겨내려는 용기를 갖지 않으면 행운이 찾아와도 놓치기 쉽습니다. 살아 있는 한 빠져나가지 못할 최악의 상황은 없습니다.

# 95

우리 고난이 끝난 것이 아니오.

우리가 겪어내야 할 헤아릴 수 없이 많은 노고가 닥칠 것이오

호메로스, 《오디세이아》

# 고전 들여다보기

오디세우스는 고향으로 돌아와 자신이 자리를 비운 20년 동안 왕위를 노리고 불경한 짓을 한 자들을 물리칩니다. 그들은 오디세우스의 아내 페넬로페에게 구혼하고 그의 재산을 축내 왔던 것입니다. 100여 명의 구혼자를 아들과 함께 처단한 오디세우스는 아내에게 '이제는 행복만 남았다', '꽃길만 가자'라고 말하지 않습니다. 오히려 앞으로의 삶에도 많은 고난이 있을 것이고 그는 그 고난을 모두 이겨내고 삶의 과제를 완수하겠다고 이야기합니다.

젊은 시절 어려움을 겪고 자수성가한 사람이나 높은 자리에 올라간 사람이 한순간에 나락으로 떨어지는 경우가 있습니다. 그것은 방심하기 때문입니다. '이제 고생은 끝났다. 이제 됐다.'라는 생각에 마음을 놓아버리면 유혹에 빠지기 쉽습니다. 인생은 끝까지 무슨 일이 있을지 모릅니다. 항상 깨어있어야 하는 이유입니다.

삶은 끝날 때까지 끝난 것이 아닙니다. 자신의 삶에 무슨 일이 어떻게 일어날지 아무도 모릅니다. '여리박빙(如履薄氷, 얇은 얼음을 밟듯이 조심하라는 말)'이라는 말처럼 한 걸음 한 걸음 조심조심 나아가야 합니다.

삶을 얇은 얼음으로 뒤덮인 호수를 건너가는 여정이라고 생각해보세요. 다음 내딛는 걸음에서 얼음이 깨져버릴지도 모릅니다. 매 순간 최악의 상황을 대비하면 어지간한 일에 동요하지 않을 수 있습니다. 하지만 마음의 준비가 되어있지 않으면 작은 시련에도 크게 흔들리고 무너질 수 있습니다.

*Chapter VII*

중요한 것은 눈에 보이지 않아

생텍쥐페리 *Saint Exapery, Antoine Marie-Roger de*

생텍쥐페리(Antoine Marie Jean-Baptiste Roger de Saint-Exupéry, 1900~1944)는 전 세계인들이 가장 사랑하는 작가 중 한 명입니다. 잘 알려진 《어린 왕자》뿐 아니라 《인간의 대지》, 《야간비행》 등 비행기 조종사의 경험을 바탕으로 쓴 소설에서 삶의 중요한 가치를 전해주었습니다.

그는 5세 때 아버지를 잃고 미술과 음악에 재능이 특출했던 어머니 마리 드 생텍쥐페리의 자유분방한 교육을 받으며 자랐습니다. 생텍쥐페리의 유년 시절은 항상 음악과 함께 했습니다. 그는 가족들과 함께 생 모리스 성에서 개, 고양이, 사슴 등을 길렀고 산비둘기를 길들이며 자랐습니다.

그가 살았던 시대는 전쟁의 시대였습니다. 세계대전의 중심에서 그는 어떤 생각을 했을까요? 안데르센의 동화를 유난히 좋아했던 그는 순수한 어린아이의 눈으로 세상을 읽어 자신의 작품 속에 녹였습니다. 그리고 보이지 않는 삶의 중요한 가치를 작품 곳곳에서 전해주었습니다.

법정 스님은 "만약 누군가가 나에게 한두 권의 책을 선택하라면《화엄경》과 함께 주저하지 않고《어린 왕자》를 고르겠다. 《어린 왕자》는 사람의 폭을 재는 한 개의 자"라고 했습니다. 그리고 생텍쥐페리의 메시지에 감흥이 없는 사람들은 사귀기 어렵다고 생각했습니다.

관계, 사랑, 의무, 상상력 등 삶을 풍요롭게 하는 가치에 대해 고민한 그의 말을 함께 음미해 보겠습니다.

# 96

때때로 적막하고 광활한 초원 지대를 지나다가

쓸쓸한 농가를 만나면

마치 인생의 짐을 싣고 가다

대초원의 물결 속에서 뒤처진 배처럼 보여

비행기 날개를 기울여 인사를 보낸다.

생텍쥐페리, 《야간비행》

# 고전 들여다보기

버려진 농가에 인사를 건네는 비행사의 마음이 따뜻합니다. 우리는 앞만 보며 더 빨리, 더 효율적으로 목표에 도달하는 것에 길들어져 왔습니다. 그러면서 뒤처진 것, 쓸쓸하게 남겨진 것에 대한 따뜻한 시선을 잃어버린 것은 아닐까요?

생텍쥐페리는 마치 지구를 여행하듯 살다 갔습니다. 그는 생의 마지막 날 정해진 항로를 의도적으로 이탈하고 그의 고향 프로방스로 향했습니다. 그의 마지막 비행은 고향 하늘에 대한 인사가 아니었을까요?

버려진 자동차, 폐가, 비닐이 다 떨어져 나간 비닐하우스…. 세상의 흐름을 따라가지 못하고 뒤로 밀려나 관심받지 못하는 것들이 있습니다. 사람의 관심을 받지 못하는 물건들은 쉽게 삭고 녹슬고 부서집니다. 사랑을 받지 못하는 사람도 마찬가지 아닐까요?

세상에 의미 없는 것은 존재하지 않습니다. 눈길을 주지 않는 내가 있을 뿐입니다. 나를 둘러싼 존재에 따뜻한 시선을 보내는 것은 가장 훌륭한 사랑의 행위입니다. 산 정상을 바라보며 바쁘게 걸음을 옮길 때 보이지 않던 풀꽃이 여유롭게 하산할 때는 보이는 법입니다. 여유를 갖고 주변에 따뜻한 눈길을 주세요.

# 97

강철 기둥을 따라 손가락으로 생명의 흐름을 느낀다.

금속은 그저 진동하는 것이 아니다. 살아 있다.

500마력의 엔진이 부드러운 전류를 흘려보내

얼음처럼 차가운 껍질을 벨벳처럼 부드럽게 피어나게 한다.

비행 중에 현기증도 전율도 아닌

금속이 생명으로 변하는 신비를 체험한다.

생텍쥐페리, 《야간비행》

# 고전 들여다보기

자기 일에 경이로움을 느끼는 사람은 생명의 떨림을 체험합니다. 비행기 조종사가 거대한 금속 덩어리인 비행기에서도 육체의 신비로운 작용과 같은 생명력을 느끼듯이 말입니다. 내가 하는 일과 나는 분리된 것이 아닙니다. 조종사가 손가락으로 비행기를 쓰다듬듯이, 눈앞의 일을 사랑하는 마음이 있다면 분명히 다른 것이 보입니다.

일은 내 삶의 소중한 체험입니다. 단순히 돈을 벌기 위한 수단이 아닙니다. 일을 통해 지상의 삶에서 기적을 찾아내고 자기를 실현해 갈 수 있습니다.

못 가봤던 장소를 여행하거나 낯선 환경에 자신을 노출하면 다른 시각으로 사물을 바라볼 수 있습니다. 하지만 꼭 낯선 환경이 아니라도 익숙한 상황을 다른 시선으로 바라보고 경험하려고 하면 새로운 세상을 만날 수 있습니다.

단비가 내리면 우산을 들지 않고 걸어가며 비를 맞아 보세요. 촉촉하게 나를 간지럽히는 빗방울에 기분이 좋아집니다. 길가에 아무렇게나 핀 이름 모를 작은 꽃을 유심히 관찰해보세요. 눈앞의 꽃이 세상 어떤 꽃보다 아름답습니다. 낯선 방식으로 주변을 둘러보세요. 그간 보이지 않던 것들이 보입니다.

# 98

그는 삶을 따뜻하게 해줄 모든 것을

항상 '시간이 생기면' 하고 미뤄왔음을 깨달았다.

정말 시간이 생길 것처럼,

언젠가 삶의 끝자락에는 평화와 행복을 얻을 수 있을 것처럼.


아니다, 평화는 없다.

승리도 없을 것이다.

생텍쥐페리, 《야간비행》

# 고전 들여다보기

《야간비행》속 주인공 리비에르는 자신의 책임하에 남아메리카의 야간 우편 비행을 총괄합니다. 기차와의 우편 수송 전쟁에서 승리하기 위해 위험한 야간비행을 진두지휘합니다. 일상의 작은 행복을 뒤로하고 자기 일에 몰두합니다. 하지만 이런 생활에서 무언가 부족함을 느낍니다. 삶을 따뜻하게 해주는 '그 무엇인가'를 놓치고 있는 것이지요. '소확행'이라는 말이 유행하고 있습니다. 엄청난 목표를 세우고 그것을 달성하는 것보다 눈앞의 소소하고 확실한 행복을 추구하자는 것입니다. 인생을 걸고 목표를 이루는 것과 지금 여기 눈앞에 펼쳐진 현실을 깨어서 충분히 즐기는 것은 모두 중요합니다. 인생을 풍요롭게 해줄 순간의 꽃을 즐기는 기적을 시간이 없다는 핑계로 뒤로 미루지 않아야 합니다. 동시에 내 삶의 소명이라는 느낌이 오는 일에도 매진해야 합니다.

'시간이 생기면' 하겠다는 것을 위한 그 시간은 영원히 생기지 않습니다. 시간은 적극적으로 확보하는 것이지, 수동적으로 기다린다고 생기는 것이 아닙니다. 꼭 해야 할 일이라면 우선순위를 조정해서 그 일을 위한 시간을 만들어야 합니다.

삶은 시간을 쓰는 방법에 따라 결정됩니다. 후회없는 인생을 위해서는 '나'에게 정말 중요한 것을 위해 시간을 써야 합니다. 남에게 중요한 것을 위해 시간을 쓰는 것은 낭비입니다. 길지 않은 우리 인생은 시간의 낭비로 더욱 짧아집니다.

# 99

그들은 행복해.

자기가 하는 일을 좋아하니까.

그들이 자기 일을 사랑하게 된 것은 내가 엄격하기 때문이지.


고통과 기쁨을 동시에 불러오는

강렬한 삶을 향해 나아가도록 밀어줘야만 해.


오직 그런 삶만이 중요한 것이니까.

생텍쥐페리, 《야간비행》

# 고전 들여다보기

가슴 떨리는 체험을 해보았나요? 강렬한 체험이 없는 삶은 단조롭습니다. 꼭 강렬한 삶만이 행복한 것은 아니겠지만 열정이 없는 인생은 공허하지 않을까요?

처음부터 하는 일에 열정을 가지기는 쉽지 않습니다. 오히려 평생 하고 싶었던 일이라고 생각한 것을 실제로 해보면 실망스러울 수 있습니다. 맡은 일에 의무감을 느끼고 몰입해서 하다 보면 열정이 생기기도 합니다. 일을 완벽하게 해내는 과정이 힘들고 고통스러울 수도 있지만 의무를 제대로 완수해 냈을 때 큰 기쁨을 느낄 수 있습니다.

꼭 가슴 뛰는 일만 가치 있는 것은 아닙니다. 누군가는 해야 하는 일을 내가 맡았을 때 완벽함을 추구하다 보면 그 일을 사랑하게 되고 강렬한 기쁨을 맛볼 수도 있습니다.

정말로 가치 있는 일은 성공에 대한 열망이나 돈을 벌기 위해 의무감으로 하는 일이 아닙니다. 우리는 다른 사람에 대한 애정과 헌신으로 하는 일에서 보람과 성취감을 얻을 수 있습니다. 인간의 숭고한 의무 중 하나는 최선을 다해 다른 사람들에게 봉사하는 것입니다. 내가 하는 일에서 그런 가치를 정의할 수 있다면 조금 더 행복할 수 있습니다.

# 100

내가 방심하고 규칙과 일상의 흐름에 맡겨두면
이상하게도 사건이 터져버려.

마치 내 의지만이 비행기의 파손이나 폭풍으로 인한
우편물의 지연을 막을 수 있다는 듯이.
이따금 내 힘에 놀라곤 하지.

생텍쥐페리, 《야간비행》

# 고전 들여다보기

리비에르의 독백입니다. 야간 우편 비행을 책임지고 있는 자기의 정신이 느슨해지면(slack) 사건, 사고가 일어나고 깨인 정신으로 통제하면 그렇지 않다는 것입니다.

방심하면 일이 어그러집니다. 신기하게도 그렇습니다. 주인의식을 가진 사람이 처음부터 끝까지 챙겨야 일이 돌아갑니다. 모두가 책임지지 않는 상황에서는 사고가 나기 마련입니다. 방심(放心)은 '마음을 놓아버린다'는 뜻입니다. '시스템에 맡기면 알아서 돌아가겠지'하고 마음을 놓아버리면 거기서 문제가 생깁니다.

일이 일상적으로 돌아간다고 해도 실제로는 눈에 보이지 않는 인간의 의지가 작용합니다. 어떤 체계가 있다고 해도 결국 일은 사람이 해야 합니다. 의지는 시스템의 부족함을 채워주는 역할을 합니다. 상황상 불가능한 일이라도 인간의 의지가 개입하면 가능하게 되는 경우가 많습니다.

결핍을 느꼈을 때 우리는 풍요의 느낌과 만족의 감정으로 나아가려고 합니다. 이런 충동이 의지입니다. 일이 잘되지 않을 것 같은 부족함의 상태에서도 성공이 가능한 것은 그 일을 맡은 사람의 의지 덕분입니다.

# 101

강한 자는 실패를 통해 더욱 강해진다.

우리는 사람들 사이에서

사건의 진정한 의미가 거의 점수를 얻지 못하는 경기를 하고 있다.

겉으로 드러나는 것이 우리의 성공과 실패를 결정하고

경험에 하찮은 점수를 매긴다.

그리고 표면적인 실패가 우리를 꼼짝 못 하게 한다.

*생텍쥐페리, 《야간비행》*

# 고전 들여다보기

니체는 《우상의 황혼》에서 '나를 죽이지 못하는 고통은 나를 더 강하게 해줄 뿐이다.'라는 말을 했습니다. 실패의 경험, 고난에 대처하는 태도에 따라 삶이 달라집니다. 고난 앞에서 세상을 원망하고 나에게 책임을 묻지 않는 사람은 퇴보합니다. 고통을 통해 배우고 오히려 앞으로 나가는 사람은 실패를 통해 더 강해집니다.

손쉬운 성공만 거듭하는 사람은 내성이 약합니다. 조금의 실수나 실패에도 휘청거립니다. 목표를 향해 가는 길에서 실패를 통해 더 단련될 수 있습니다.

성공이나 실패라는 것은 판단이고 평가일 뿐입니다. 허상입니다. 경험 자체가 진짜입니다. 겉으로 드러나는 실패에 꼼짝 못 하는 것은 어리석은 일입니다.

목표에 이르는 길이 탄탄대로인 경우는 드뭅니다. 대부분 비포장도로입니다. 흔들리며 가는 것이 정석입니다. 실패는 흔들리면서 목표로 가는 과정에서의 경험입니다. 그러니 실패했다고 좌절할 이유가 없습니다.

실패를 소극적으로 받아들이면 실패가 되지만 적극적으로 체험하면 배움이 됩니다. 어려운 상황을 실패나 고통이라고 이름 붙이기보다 그 경험에서 무엇을 배워서 개선할 것인지 찾아야 합니다. 이것이 실패에 현명하게 대처하는 방법입니다.

# 102

인간은
생명보다 가치 있는 무언가가 있다는 듯이 행동합니다.
그것은 과연 무엇인가요?

*생텍쥐페리, 《야간비행》*

# 고전 들여다보기

인간과 동물의 차이는 '중요한 것을 지키기 위해 생존의 욕구를 포기할 수 있느냐, 그렇지 않으냐'에 달려있습니다. 사람은 가치관에 따라 살아갑니다. 생명은 물론 가장 소중한 가치 중 하나입니다. 하지만 인간은 자신을 희생해서라도 어떤 가치를 지키기도 합니다.

생텍쥐페리는 의무에 대해 이야기합니다. 인간의 생명만큼, 때로는 그보다 가치 있는 의무가 있다는 것입니다. 의무는 인간의 가치관에 따라 결정됩니다. 어떤 가치관을 갖고 있느냐에 따라 어떤 일이 누군가에게는 꼭 해야 할 의무가 되고 다른 누군가에게는 쓸모없는 일이 될 수 있습니다.

2021년 5월, 이탈리아 피에몬테주에서 케이블카가 20m 아래로 떨어지면서 14명이 안타깝게 목숨을 잃은 사건이 있었습니다. 이스라엘에서 온 가족 6명도 참사를 당했습니다. 그런데 가족 6명 중 5세 아이는 극적으로 생존할 수 있었습니다. 그 이유는 추락하는 순간 아버지가 아이를 끌어안았기 때문이었습니다. 아버지는 자신의 목숨을 잃으면서 아이를 지켜냈습니다.

나에게 목숨보다 소중한 존재는 무엇인가요?

# 103

인생에 해결책이란 없어.

오직 앞으로 나아가는 힘만 있을 뿐.


우리의 과제는 그 추진력을 만들어내는 것이야.

그러면 해결책은 뒤따라오기 마련이지.


생텍쥐페리, 《야간비행》

# 고전 들여다보기

삶은 실전입니다. 모든 문제에 대한 답을 갖고 시작하는 것이 아닙니다. 우리는 원하든, 원치 않든 이 현실에 내던져진 존재입니다. 겪어나가면서 하나씩 해결책을 찾아갈 수밖에 없습니다.

모든 것을 예측하고 해결책을 미리 준비하려고 하는 완벽주의자는 아무것도 시작하지 못합니다. 먼저 시작하고 앞으로 나아가야 합니다. 큰 방향이 틀리지 않는다면 일단 일을 시작하고 나서 미세조정을 해나가야 합니다.

앞으로 나아가는 힘이 중요합니다. 어떤 역경이 앞길을 가로막아도 뚫고 나가다 보면 경험과 생각에서 해결책이 나옵니다.

내 인생의 설계도를 모두 알고 있으면 얼마나 좋을까요? 운명을 알고 있다면 수많은 문제들에 골머리 썩을 일 없이 정해진 답대로 행동하면서 효율적으로 살수 있지 않을까요?

의류 분야에서 개인 사업을 하게 될 운명이라면 굳이 대학 진학을 준비하지 않고 고등학교를 졸업하자마자 사업을 시작하는 게 좋을지도 모릅니다. 이혼할 운명이라면 굳이 결혼 때문에 스트레스받지 말고 우아한 싱글로 지내면 시행착오가 없겠지요.

하지만 그 누구도 자신의 운명을 완전히 알 수 없습니다. 처음부터 방향을 잘 잡고 가면 좋겠지만 삶은 그렇게 단순하지 않습니다. 쓸데없는 시간 낭비나 실패라고 생각하는 경험까지 하나씩 체험하면서 해결책을 찾아가는 과정이 인생의 묘미가 아닐까요?

# 104

이건 상자야.
네가 찾는 양은 이 안에 있어.


이상한 행성이야!
이 곳은 메마르고 날카롭고 뾰족한데다가
사람들은 상상력이 없어.

*생텍쥐페리, 《어린 왕자》*

# 고전 들여다보기

《어린 왕자》에서 주인공은 비행기를 타고 가다가 사막에 불시착합니다. 식량과 물이 떨어지고 비행기를 고치는 것도 잘되지 않습니다. 이런 절망적인 상황에서 어린 왕자를 만납니다. 그런데 이 왕자는 당황스럽게도 '양 한 마리만 그려달라.'고 부탁합니다. 그는 여러 번 양을 그려 주지만 모두 왕자의 마음에 차지 않았습니다. 결국, 상자를 하나 그려주면서 '이 속에 네가 원하는 양이 있다.'라고 합니다.

주인공이 왕자에게 그려 준 양은 그냥 눈에 보이는 존재입니다. 하지만 상자 속의 양은 상상해야 볼 수 있습니다. 어린 왕자가 본 지구인들은 자기 생각이나 상상력이 부족합니다. 남이 하는 말이 마치 자기 생각인 것처럼 되풀이합니다.

신이 인간에게 준 가장 큰 선물 중 하나는 상상력입니다. 인간이 생각하는 세상의 한계는 바로 상상력의 한계입니다. 우리는 상상력이 끝나는 지점에 선을 그어 놓고 그 안에서 일관된 법칙이나 규율을 만들고 자신을 스스로 가둡니다.

상상력에서 창조가 일어납니다. 누군가의 상상력으로 우리는 달에 다녀오고 깊은 바닷속을 탐험하고 거대한 놀이동산에서 즐길 수 있습니다. 상상력의 결과가 눈에 보이는 세계입니다. 중요한 것은 눈에 보이는 것이 아니라 시각 너머에 있습니다.

# 105

"내 눈에는 가로등 켜는 사람이
터무니없는 일을 하지 않는 유일한 사람이야.
그는 자기 자신만이 아닌
다른 것을 생각하기 때문이지."

*생텍쥐페리, 《어린 왕자》*

—

인간의 행복은 자유가 아니라
해야 할 일을 받아들이는 데 있다는
역설적인 진실을 밝혀준
작가에게 특별히 감사함을 전한다.

*앙드레 지드, 《야간비행》 서문*

# 고전 들여다보기

마땅히 해야 할 의무를 받아들이고 그 일에 열중하는 것은 의미 있습니다. 자유는 중요하지만 자유라는 이름 아래 행해지는 나태와 이기심에 주의를 기울여야 합니다.

'하고 싶은 대로'의 방향성이 단지 게으름을 포장하기 위한 것이라면 그것은 그저 나태함일 뿐입니다. 또한 타인과 함께하는 인간의 가치를 외면하는 것이라면 이기심의 발로일 뿐입니다.

어른과 아이의 차이 중 하나는 책임과 의무입니다. 아이들도 자기 행동에 책임은 져야 하지만 공동체를 위해 수행해야 하는 의무는 면제되기도 합니다. 누구도 영원히 아이로 남아 있을 수는 없습니다. 사회에서 건강한 역할을 하는 어른이 되기 위해서는 반드시 직면해야 할 책임이 있기 마련입니다.

우리 삶에서 가장 커다란 의무 중 하나는 정말로 좋아하는 일을 결정하고 그 일을 탁월하게 해내는 것입니다. 나와 타인을 위해 가치 있는 의무를 수행하는 자유는 나에게 있습니다.

# 106

사람들과 함께 있어도 외롭기는 마찬가지야.

*생텍쥐페리, 《어린 왕자》*

# 고전 들여다보기

인간은 언제 외로움을 느낄까요? 타인이 나를 몰라줄 때입니다. 관심과 사랑을 받고 있지 못하다는 느낌이 들 때입니다. 거꾸로 생각하면 내가 타인을 모를 때도 외롭습니다. 내가 누군가에게 관심을 두고 사랑하고 있지 않다면 외로움을 느끼는 것입니다.

다른 사람에게 그 어떤 것도 기대하지 않는다면 - 인정욕구와 사랑받고 싶은 욕구를 이긴다면 - 외롭지 않습니다. 다른 이를 사랑으로 대한다면 외롭지 않습니다.

남들에게 기대지 않아도 외로움을 느끼지 않을 수 있습니다. 곁에 항상 존재하는 '내'가 있기 때문입니다. 그렇지만 자신과의 소통이 단절되고 불화할 때는 가슴 저리도록 외로움을 느낄 수도 있습니다.

내 안의 소리를 듣지 못하거나 못들은 체할 때, 정말로 자기가 원하는 대로 살아가고 있지 않을 때, 우리는 자신과 불화하고 있는 것입니다. 그러면 내면과 마주하는 것이 불편합니다. 자신과 화해하지 않으면 가장 비참한 외로움을 겪게 됩니다.

# 107

네가 날 길들인다면
우리는 서로 필요한 존재가 될 거야.

나에게 너는 세상에 하나뿐인 존재가 되고
나도 너에게 유일한 존재가 되는 거야.

*생텍쥐페리, 《어린 왕자》*

# 고전 들여다보기

나와 관계없는 불특정한 '그들' 중 누군가가 나만의 '당신'이 되고 '우리'가 되는 것에는 길들임의 과정이 필요합니다. 길들인다는 것은 단순히 익숙해지는 것과는 다릅니다. 그것은 정성 들여 관계의 결을 달리하는 과정입니다.

길들임은 원래는 없어도 내 존재에는 영향을 끼치지 않았던 누군가가 없어서는 안 될, 꼭 필요한 그 '무엇'이 되는 것입니다. 어떤 행위나 목적을 위해 필요한 것이 아닙니다. 내 존재의 온전함을 위해 또 다른 내가 필요한 것입니다.

사랑하는 존재와 연결된 모든 것은 나를 설레게 합니다. 그 사람의 이름만 불러도 마음의 위안을 얻을 수 있습니다. 그와 함께 갔던 장소에 가거나 같이 찍은 사진만 봐도 미소 지을 수 있습니다. 사랑하는 존재는 나에게 남들과는 다른 특별한 의미가 있는 존재이기 때문입니다.

누군가에게 내가 단 하나뿐인 의미 있는 존재로 여겨진다는 확신이 있으면 자신감과 용기가 샘솟습니다. 자신감과 용기는 사랑에서 오기 때문입니다. 사랑은 모든 힘의 원천입니다.

# 108

네 장미꽃이 그렇게 소중한 건

네가 그 장미를 위해 쏟아 부은 시간 때문이야.


하지만 너는 그것을 잊어선 안 돼.

너는 네가 길들인 존재에 영원히 책임이 있는 거야.

너에게는 장미에 대한 책임이 있어.

생텍쥐페리,《어린 왕자》

# 고전 들여다보기

사랑에는 시간과 노력이 필요합니다. 정성이 없으면 사랑을 지속할 수 없습니다. 나는 하나뿐인 존재가 된 대상에게 책임이 있습니다. 왜냐하면 길들임은 한 방향이 아니라 쌍방향이기 때문입니다. 내가 상대에게 시간과 정성을 들인 만큼 상대도 나에게 공을 들였습니다. 서로의 시간에 대한 예의가 필요합니다.

사랑에는 길들인 시간만큼의 책임이 있습니다. 그것은 제도적으로 강제할 수 있는 것도 아니고 한 사람이 일방적으로 상대에게 강요할 수도 없습니다.

무엇이 사랑의 책임일까요? 그것은 바로 '정성 들여 사랑하기'입니다. 마음을 나눈 상대가 항상 완벽할 수는 없습니다. 처음에는 완벽했던 그 사람의 단점을 보고 속았다는 생각이 들 수도 있고 때로는 상대의 숨소리, 말 한마디에 상처받고 흔들리는 일이 생길지도 모릅니다. 하지만 이런 모든 것을 품어내고 노력하는 것이 정성 들여 사랑하는 방법입니다.

# 109

나라면,

만약 나에게 53분이 있다면,

느긋하게 맑은 물이 있는 샘을 향해 걸어갈 텐데.

사막이 아름다운 건 어딘가에 샘을 감추고 있기 때문이야.

생텍쥐페리, 《어린 왕자》

# 고전 들여다보기

한 사람이 갈증을 해소해 주는 약을 팝니다. 그 약을 먹고 갈증을 해소하면 일주일에 물 마시는 시간을 53분이나 절약할 수 있다고 하면서 말이죠. 어린 왕자는 그 시간을 절약해서 무엇을 하는지 묻습니다. 어른들은 절약한 시간을 하고 싶은 것을 하면서 보냅니다. 하지만 그것이 그렇게 중요한 일은 아닙니다.

어린 왕자는 그 시간에 샘이 있는 곳을 향해 천천히 걸어가겠다고 합니다. 소중한 것을 손쉽게 구하는 것에 인생의 행복이 있는 것은 아닙니다. 어딘가에 있는 그 소중한 존재를 천천히 찾아가는 것에서 삶의 의미를 찾을 수 있지 않을까요?

생각지 못한 여유 시간이 생기면 무엇을 하는지 자신을 살펴보세요. 휴대폰 게임하기, 웹툰 보기, 유튜브 영상 보기 등 남들이 만든 콘텐츠를 소비하고 있지 않나요?

짜투리 시간이 날 때 '소비' 보다 '생산'을 선택하면 어떨까요? 책을 읽으면서 문득 떠오르는 생각을 짧게 메모하거나, 단상을 기록해보세요. 다른 사람의 생각을 소비하지만 말고 내 생각을 생산해 보세요. 그러다 보면 짧은 글이 모여 책이 되고 아이디어가 모여 사람들에게 도움을 주는 새로운 사업 아이템이 될 수도 있습니다.

# 110

사람들은 저마다 급행열차를 타고 어딘가로 향하지만
정작 자신들이 찾는 것이 무엇인지 알지 못해.
그래서 분주하고 흥분한 채로 제자리를 맴돌기만 해.

*생텍쥐페리,《어린 왕자》*

# 고전 들여다보기

항상 자신이 무엇을 하고 있는지 잘 바라보아야 합니다. 다른 사람들의 의견에 휩쓸려 생각 없이 흘러 다니는 인생은 알맹이가 없습니다. 모두가 어디로 가는지도 모르고 급행열차를 탈 때 '먼저 어디에 무엇을 찾으러 갈지' 생각해 보세요.

자신이 원하는 것이 무엇인지 정확하게 아는 것은 아이들입니다. 주변에서 원하는 나의 모습에 따르는 대신 자신과의 대화에 익숙하기 때문입니다.

눈앞의 현실의 흐름에 휩쓸리면 정신을 차리기 어렵습니다. 그 속에 너무 몰입해 있으면 방향 감각을 잃기 쉽습니다. 열심히 앞으로 나가는 것 같지만 실제로는 다람쥐 쳇바퀴 돌 듯 그 자리에 머물러 있습니다. 쳇바퀴 안에서 열심히 달리는 다람쥐는 앞으로 간다고 착각하지만 옆에서 보면 제자리인 것처럼 말이죠.

조급함이 느껴질수록 지금 하고 있던 것을 '일단정지'하고 한 걸음 떨어져서 바라보세요. 타성에 젖어 급행열차에 몸을 싣는 것은 초조함을 더 키울 뿐입니다.

# 111

사랑과 소유욕을 혼동하지 마라.

그대는 사랑 때문에 괴로운 것이 아니다.

사랑의 반대말인 소유욕 때문에 괴로워하는 것이다.

생텍쥐페리, 《성채》

# 고전 들여다보기

사랑하면 상대를 가까이 두고 싶어집니다. 나만 바라보게 하려고 합니다. 하지만 그렇게 붙잡으려고 할수록 사랑은 멀어집니다. 인간은 본래 자유를 추구하는 존재이기 때문입니다.

사랑은 일정한 거리를 두고 놓아주는 것입니다. 소유욕과 무관심의 극단이 아닌, 적절한 거리의 사랑을 해보세요. 사랑은 거리 두기의 기술입니다.

소유욕은 아무리 잘 포장하려고 해도 본질이 이기심입니다. 상대를 생각하지 않고 내 욕심만 채우려는 마음입니다. 소유욕은 숨기려 해도 드러나기 마련입니다. 가장 중요한 자유의지를 구속하려 하기에 사랑에 즐거움보다는 괴로움을 가져오기 시작합니다.

소유욕은 상대가 멀어질지도 모른다는 두려움에서 비롯됩니다. 두려움은 집착의 원인이 됩니다. 사랑과 정반대의 속성을 가진 두려움과 집착으로 인해 관계에 조금씩 균열이 일어나고 괴로워집니다.

# 112

자만심은 악이라기보다는 질병에 더 가깝다.
자만심으로 가득 찬 사람들은 삶을 포기한 사람이다.

그들의 정신이 성장하지 않을 것이고
영원히 위축될 수밖에 없다.

생텍쥐페리, 《성채》

# 고전 들여다보기

자만심과 허영심에 가득 찬 사람은 관심이 온통 자기 자신에게 쏠려 있습니다. 남에게 무관심하고 그들의 이야기를 듣는 것에 별다른 관심이 없습니다. 그러면서도 타인의 말과 시선에 휘둘립니다. 끊임없이 내 이야기를 상대에게 쏟아 부으려고 합니다. 상대는 소통과 사랑의 대상이 아니라 내 이야기를 들어주고 응석을 다 받아주어야 하는 수동적인 존재가 되어버리고 맙니다. 이러면 건강한 삶과 관계를 지속할 수 없습니다.

정신이 건강한 사람은 타인을 대할 때 시선을 자신이 아니라 상대에게 향합니다. 자신이 단단하기 때문입니다. 굳이 자신을 드러낼 필요가 없고 인정받으려 하지 않습니다.

속이 꽉 찬 사람은 크고 작은 성공이나 실패에 크게 동요하지 않습니다. 그저 모든 상황을 덤덤하게 받아들입니다. 성공에 자만하지도 않고 실패에 좌절하지도 않습니다.

그렇지만 내면이 비어 있는 사람은 외부에 마음을 잘 빼앗깁니다. 조금만 성공하면 교만한 마음을 품고 일이 조금만 잘 안 풀려도 풀이 죽어지냅니다.

쉽게 자만에 빠지는 사람은 내면의 뿌리가 약합니다. 노심초사하다가 조금만 잘 되면 자만에 빠집니다. 자만심은 '인정받지 못하면 어쩌나, 실패하면 어쩌나.' 하는 걱정과 두려움에서 비롯된 질병입니다.

# 113

친구란 판단하지 않는 존재다.

친구란 당신의 편에 서는 사람이다.

친구란 누구에게도 열어주지 않는 문을
당신에게는 열어주는 사람이다.

*생텍쥐페리, 《성채》*

# 고전 들여다보기

　세상에는 수많은 재판관, 비평가들이 있습니다. 정말 이성적이고 잘나고 똑똑한 사람들입니다. 하지만 그들의 말은 나에게 위로를 주지 않습니다. 그들은 친구와는 다른 방식으로 나에게 도움을 줍니다. 거센 바람이 나무를 뒤흔들면 그 뿌리가 단단해지듯이, 그들은 나를 단련시키는 그들의 역할을 잘 수행하고 있을 뿐입니다. 그들의 연극을 잘 하도록 내버려 두세요.

　친구는 다릅니다. 모든 것을 허용하고 받아주는 사람이 바로 친구입니다. 판단하지 않고 있는 그대로의 나를 인정해 줍니다. 인간은 분리와 경계 지음에서 불안함, 고독, 두려움을 느낍니다. 친구는 경계를 허물어뜨리고 문을 열어주는 존재입니다. 나를 사랑하는 또 다른 나와 같은 존재가 진정한 친구가 아닐까요?

　힘들 때 진짜 친구가 가려집니다. 어떤 상황에 있어도 얼굴빛을 바꾸지 않고 똑같이 대해주는 사람이 진정한 친구입니다.

　성공할 때는 주변에 사람이 모여듭니다. 가만히 있어도 친구가 생깁니다. 별로 친하다고 생각하지 않는데도 친구를 자처하는 사람들이 가득합니다. 하지만 어려움에 처하면 사람이 떠나갑니다. 힘들 때도 곁에 남아 있는 사람은 친구라고 할 수 있습니다.

　친구는 성공을 진심으로 축하해주고 실패를 위로해줍니다.

# 114

중요한 것은 오로지 과정뿐이다.

삶에서 지속되는 것은 목표가 아닌 과정이기 때문이다.

그대가 고통을 받아들일 때

고통은 그대를 성장으로 이끌 것이다.

*생텍쥐페리, 《성채》*

# 고전 들여다보기

목표와 결과는 바뀔 수 있습니다. 나의 경험과 가치관에 따라 원하는 것은 수시로 바뀝니다. 중요한 것은 그런 목표를 이루기 위해 어떤 태도로 삶에 임하느냐는 것입니다.

어떤 일을 이뤄 가는 과정에서의 태도가 그 사람을 결정합니다. 결국 자신이 원하는 일을 성취해내고 마는 사람들은 공통적으로 좋은 태도를 갖고 있습니다.

어려움이 닥치면 그것에 대해 판단하지 말고 있는 그대로 받아 들여보세요. 바람에 허망하게 꺾이지 말고 몸을 맡기면서 뿌리를 더 단단하게 하는 것이 현명합니다. 그것이 삶의 내공입니다. 그것이야말로 내 삶을 지속하는 힘입니다.

온라인 게임을 할 때 만렙으로 시작하면 별 재미가 없습니다. 현재 능력치로는 이기기 벅찬 상대를 쓰러뜨리면서 조금씩 레벨을 높여가는 것이 재미있습니다. 어려운 상대와 싸우다 쓰러져서 무장해제 될 때도 있지만 그것이 게임의 재미입니다.

인생도 하나의 게임처럼 생각해 보세요. 목표를 향해 나아가는 과정에서 넘기기 힘든 시련을 만날 수도 있습니다. 그럴 때는 이렇게 생각해 보세요. '그래, 드디어 성장할 기회가 왔네. 점점 재밌어지는군.'

# 115

겸손하기만 하지 마라.
존재와 영원의 바탕은 자신감이기에.


겸손하기만 하면
그건 변덕이 심한 바람에게 무릎 꿇는 것과 같다.

*생텍쥐페리, 《성채》*

# 고전 들여다보기

내면이 공허한 상태에서 겉으로만 겸손한 척하는 것은 아무런 의미가 없습니다. 진정한 겸손함은 자신감에서 생깁니다. 겸손함은 상대의 위세에 굴복하는 것이 아닙니다. 상대에게 무릎 꿇는 것은 실체가 없는 이미지에 두려움을 느끼는 것일 뿐입니다. 자신감이 부재한 것입니다. 겸손함은 나약함이 아닙니다. 내면의 자신감과 사랑을 바탕으로 타인을 존중하는 것입니다.

외유내강(外柔內剛)이라는 말이 있습니다. 겉모습은 부드럽고 유순하지만 속은 단단한 것입니다. 자신감으로 내면을 굳세게 세우고 겉으로는 겸손함으로 사람들을 대하는 것이 나와 타인 모두에 대한 예의입니다.

자신감은 선천적으로 타고나는 특별한 능력이 아닙니다. 자신감은 자신을 잘 이해하고 남들의 비판에 흔들리지 않으면 얻을 수 있는 후천적인 능력입니다. 다시 말해, 자신의 개성과 장단점을 잘 알면 자기가 가장 편안함을 느끼는 것이 무엇인지 알 수 있습니다. 쓸데없이 남들의 눈치를 보거나 비판을 두려워하지 않습니다. 이것을 제대로 알면 자신감을 가질 수 있습니다.

자신감의 뿌리는 자신에 대한 사랑입니다. 자기를 진심으로 사랑하면 자신감으로 충만해집니다. 충만한 자신감은 머리부터 발끝까지 우리를 빛나게 합니다.

# Chapter VIII

어느 곳에서든 삶의 주인이 되어라

임제의현 臨濟義玄

　임제의현 선사(臨濟義玄, ?~867)는 당나라 말기의 승려로 중국 선종 5
가 중 대표 격인 임제종의 개조입니다. 임제종은 송나라 이후에 중국
선종의 주류가 되었으며 우리나라에도 전해져 많은 영향을 주었습니
다.

　'부처를 만나면 부처를 죽이라'는 그의 가르침은 다소 과격해 보이
고 파격적입니다. 그는 전통이나 권위를 철저히 부정합니다. 그런 과
거의 유물에 얽매이면 정신적으로 자유롭지 못합니다. 그러면 스스
로 주인으로 우뚝 설 수 없습니다. 절대적인 관념에 사로잡히면 절대
적으로 자유롭지 못합니다.

《임제어록》에 나오는 임제의현 선사의 말을 중심으로 삶의 주인으로 산다는 것, 자신을 믿는 삶에 대해 생각해보세요.

# 116

깨달음을 얻지 못하는 병은 자신을 믿지 않음에 있다.

그대가 만약 자신에 대한 믿음이 부족하면

곧 분주하게 쫓고

온갖 경계에 구속되고,

타인에게 의지하여 자유를 얻지 못할 것이다.


그대가 만약 밖에서 구하려고 달려나가는

그 마음을 그칠 수 있다면 부처와 다르지 않을 것이다.


그대들이 부처와 다름이 없기를 원한다면

다만 밖에서 구하지 말 것이다.

임제어록

# 고전 들여다보기

스승은 중요합니다. 좋은 스승은 혼자서 쉽게 허물지 못하는 한계를 이기는 데 도움을 줄 수 있습니다. 줄탁동시(啐啄同時, 병아리가 알에서 깨어나기 위해서는 어미 닭이 밖에서 쪼고 병아리가 안에서 쪼며 서로 도와야 일이 순조롭게 완성됨을 의미함)라는 말이 있듯이 외부의 가르침과 자신의 노력이 조화될 때 껍데기를 깰 수 있습니다. 하지만 자신을 믿지 못하고 남의 목소리에만 의지하는 것은 반쪽짜리입니다.

마음이 밖으로만 향해 있으면 소란스럽습니다. 외부의 정형화된 사상이나 이념에 기대면 자유로운 생각을 펼쳐갈 수 없습니다.

학교에서 배워온 것을 생각해보세요. 개인의 창의력과 사고력을 기르기 위한 것도 있지만 교과과정의 대부분은 남의 생각을 익히는 것입니다. 누군가 만들고 그의 제자들이 공고하게 다져놓은 생각의 틀을 배웁니다. 그것이 맞고 틀리고가 중요한 것이 아닙니다. 이미 단단해진 경계에 갇혀 자유롭게 생각하지 못할 수 있다는 것을 주의해야 합니다.

외부의 깨달음을 좇기보다 스스로 생각하고 내 안에서 구하는 것이 진정한 자유를 얻는 길입니다.

# 117

무엇이 법인가?
법이란 마음이라는 법이다.

그것은 형체가 없으며
온 우주를 꿰뚫고
눈앞에 드러난다.

*임제어록*

# 고전 들여다보기

모든 것은 마음의 작용입니다. 마음에서 모든 것이 비롯됩니다. 모든 고통의 근원도 마음이고 기쁨의 뿌리도 마음입니다. 원효대사는 당나라 유학길에 해골에 고인 물을 마시고도 시원하고 달다고 느꼈습니다. 해골 물이 단 것일까요? 내 마음이 그것을 달다고 규정한 것일까요?

어떤 사건이 일어나는 것을 보고 당연히 괴로워지는 것이 아닙니다. 괴롭다고 마음먹으니 괴롭습니다. 내가 어떤 마음을 선택하느냐에 따라 삶의 해석은 달라집니다.

우리는 어떤 사건이나 현상에 대해서 일정하게 반응하는 패턴을 갖고 있습니다. 누가 갑자기 내 뒤통수를 때리면 '당연히' 화를 내야 하는 것은 아닙니다. 만약 5살짜리 아이가 뒤통수를 세게 때린다고 해서 화내지는 않을 것입니다. 뒤통수를 때리는 상대에 따라 내 마음이 반응을 선택하는 것입니다.

내가 어떤 마음을 선택하느냐에 따라 삶의 해석은 달라집니다. 애초에 슬픈 일이나 기쁜 일은 없습니다. 그런 일에 대한 반응을 슬프게 하거나 기쁘게 하는 것을 학습했기 때문에 그런 감정을 느끼는 것입니다.

# 118

깨달음은 의지하는 않는 그 마음에서 비롯된다.
의지하지 않는 그대는 모든 것을 환히 알고 모자람이 없다.

타인에게 배워 미혹되지 말고
내면에서나 밖에서나 만나기만 하면 바로 죽여라.

부처를 만나면 부처를 죽이고
조사를 만나면 조사를 죽이고
나한을 만나면 나한을 죽이고
부모를 만나면 부모를 죽이고
가까운 친척을 만나면 친척을 죽여라.

그래야 비로소 해탈을 얻어 사물에 구속되지 않고
깨달아 스스로 존재(自在)할 수 있을 것이다.

임제어록

# 고전 들여다보기

의존하는 마음은 독약입니다. 지혜와 깨달음은 권위에 의존하지 않는 그 마음(無依)에서 생겨납니다. 깨달음은 깨달은 자의 전유물이 아닙니다. 성현들은 이구동성으로 '너희들도 나처럼 될 수 있다'고 말합니다. 하지만 사람들은 흔히 그들이 특별한 존재이며 나와는 다른 사람이라고 생각합니다. 그리고 그들을 우상화하고 자신을 속입니다. 누군가에게 기대는 습성을 버리지 못하고 먼 길을 돌아갑니다.

먼저 깨달은 스승들은 사람들에게 특별한 존재로 여겨지는 것을 원하지 않습니다. 그들은 남들보다 뛰어난 존재로 떠받들어지기보다 다른 이들에게 본보기가 되기를 원합니다.

누군가를 뛰어난 존재로 우상화하면 더이상 따라갈 마음이 들지 않습니다. 열심히 노력해도 애초에 태생이 다르기에 쫓아갈 수 없다고 포기해버립니다. 그것은 정신적인 노예가 되는 길입니다.

하지만 본보기라고 생각하면 '저 사람이 해냈으면 나도 할 수 있다'는 생각으로 분발할 수 있습니다. 지혜와 깨달음의 세계에 위아래는 없습니다. 기존의 권위에 짓눌리거나 의지하지 말고 내 길을 가야 합니다.

# 119

그대는 몸이 아니라 몸을 쓰는 그 존재다.

만약 이와 같은 견해를 얻는다면
곧 가고 머무름에 자유로울 것이다.

임제어록

# 고전 들여다보기

'나'는 무엇일까요? 분명한 것은 육신은 내가 아닙니다. 내 몸의 세포는 끊임없이 죽고 새로 생겨납니다. 사고로 몸의 일부를 잃어도 우리는 '나'를 인식하며 살아갈 수 있습니다. 살 껍데기에 갇혀 있는 것이 '나'라고 규정하는 순간 우리의 인식은 쭈그러들어 버립니다.

매슬로는 인간의 욕구를 5단계로 구분했습니다. 생리 욕구 → 안전 욕구 → 애정/소속의 욕구 → 존경 욕구 → 자아실현 욕구가 그것입니다. 이중 생명을 유지하려는 생리 욕구(의/식/주/성)와 자신을 보호하고 불안을 피하려는 안전 욕구는 특히 신체와 관련이 있습니다. 이 두 가지 욕구에서만 벗어나도 삶은 상당히 자유로워질 것입니다.

깊은 잠에서 깨어나 살며시 눈을 떴을 때, 비몽사몽 상태에서 '나'라는 자기감을 회복하는 데 한참 시간이 걸릴 때가 있습니다. 한동안 멍한 상태에 있다가 방 안의 익숙한 물건을 보고, 몸을 느끼고 움직이면서 그제서야 '나'를 인식할 수 있습니다.

육신을 사용하는(用) 존재인 나는 과연 무엇일까요? 몸은 나의 일부일 뿐입니다. '나'라는 자기 정체성을 인식하면서도 한 걸음 떨어져서 객관적으로 자신을 바라보기도 하는 진짜 '나'는 누구일까요?

# 120

나의 관점에서는 밑바닥이라고 싫어하는 법이 없다.

그대가 만약 뛰어난 것을 좋아하고

평범한 것을 싫어한다면

그런 판단 기준에 얽매이는 것이다.

임제어록

# 고전 들여다보기

우리가 어떤 것을 좋아하고 싫어하는 마음이 생기는 것은 '~라면 꼭 이러해야 한다'와 같은 어떤 기준을 설정해두고 그에 부합되는지, 그렇지 않은지에 따라 판단하기 때문입니다. 이런 기준과 잣대를 내려놓으면 '무엇이 좋다, 싫다.'하는 구분에서 벗어날 수 있습니다. 그저 그대로 모두 좋은 것입니다.

저 멀리 우주에서 지구를 바라보면 넓고 좁은 것, 크고 작은 것, 옳고 그른 것이 의미가 없습니다. 그저 존재하는 것입니다.

우리는 모든 것을 상대적으로 인식합니다. 다시 말해 인식은 반대되는 것과의 비교가 전제조건입니다. '뛰어남, 훌륭함'이라는 개념은 '평범함, 시시함'과 비교해야 생기는 것입니다. 마찬가지로 행복은 불행이라는 개념이 있어야 느낄 수 있습니다.

이런 구분을 하려면 어떤 판단 기준을 따라야 합니다. 그런데 그 기준은 보통 다수가 판단해버리고 굳어져 온 것인 경우가 많습니다. 예를 들어 비싸면 뛰어난 것이고 비싼 물건을 소유하면 행복합니다. 반대로 저렴한 것은 평범한 것이고 값싼 물건을 쓰면 불행하다는 식입니다.

# 121

그대가 깨달음을 얻기 바란다면
마땅히 대장부가 되어야 비로소 가능하다.

만약 생기 없이 게으르게 남을 따라만 다닌다면 불가능하다.
무릇 깨진 그릇에 마실 것을 담을 수 없는 것과 같다.

임제어록

# 고전 들여다보기

깨진 그릇에는 마실 것을 담을 수 없습니다. 마찬가지로 내 마음의 그릇이 단단하지 않으면 지혜라고 할 만한 것이 자리 잡을 수 없습니다. 내 생각 없이 허약하게 모든 것을 남의 생각에 내맡기고 힘없이 남을 추종하기만 한다면 깨달음을 얻을 수 없습니다. 생각없는 추종은 게으름의 다른 이름일 뿐입니다.

용맹정진(勇猛精進)이라는 말이 있습니다. '목표를 이루기 위해 용기를 갖고 힘써 나가는 것을 말합니다. 일을 이루려면 대장부의 기개가 있어야 합니다. 어떤 분야에서 일가(一家)를 이룬 사람들의 공통점은 남에게 흔들리거나 의존하지 않고 용맹정진한다는 것입니다.

스스로 결정하고 모든 것을 책임지는 것은 쉬운 일이 아닙니다. 그렇게 한다고 항상 성공한다는 보장도 없습니다. 외로운 길입니다.

대다수가 따르거나 권위 있는 다른 존재에게 기대면 마음이 편합니다. 결정의 책임을 지지 않아도 되고 크게 성공하지 못하더라도 중간은 갈 수 있을 것 같다는 안도감이 있습니다. 권위의 그림자 속에서 안주할 수 있습니다.

하지만 스스로 책임지지 않으면 결코 자유로울 수 없습니다. 깨달음은 의존심의 반대편에 있습니다.

# 122

큰 그릇이라면

반드시 남에게 배워 속지 않고

이르는 곳마다 스스로 주인이 되는 현실을 창조하고

선 자리가 모두 진실해야 한다.

임제어록

# 고전 들여다보기

《임제어록》에는 '남에게 속는다'라는 표현이 많이 나옵니다. 한자로는 '혹'(惑)자로, '미혹하다, 의심하다'는 뜻입니다. 혹(惑)은 창을 들고 성을 지키면서 '혹시 누가 쳐들어오지는 않을까?' 의심하고 걱정하는 마음을 표현한 글자입니다.

다른 사람의 견해는 그의 견해일 뿐입니다. 완전히 내 것이 될 수 없습니다. 생각은 내가 해야 합니다. 타인의 깨달음은 내가 훔쳐 올 수 없습니다. 마음을 밖으로 향하면 남의 의견에 미혹됩니다. 그에게 의존하고 배우려고만 하면 미혹되기 쉽습니다.

'작(作)'은 스스로 만들고 행동하고 창조하는 것입니다. 어느 곳에서든 자신의 힘으로 생각과 현실을 창조해야 합니다. 남의 이야기를 하는 것이 아니라 내 이야기를 해야 합니다. 그것이 진실함입니다.

내 삶의 주인으로 살기 위해서는 철학이 확고해야 합니다. 처음부터 완벽한 철학을 정립할 수는 없습니다. 훌륭한 스승들의 철학을 참고하여 받아들이고 내 것으로 소화하는 것에서 시작해야 합니다. 그리고 경험과 이성으로 담금질하면서 나만의 생각을 창조하는 과정이 필요합니다. 생각에는 답도 없지만 한계도 없습니다. 자신만의 생각을 만들어내기 위해서는 생각을 깊게, 많이 해보는 수밖에 없습니다.

당신에게는 철학이 있습니까?

# 123

예부터 깨달은 이들은 이르는 곳마다 사람들에게

믿음을 받지 못하고 쫓겨나고 나서야

비로소 그들 가르침이 귀한 것을 인정받았다.

만약 이르는 곳마다 사람들이 모두 옳게 여긴다면

무엇을 할 수 있겠는가?

임제어록

# 고전 들여다보기

먼저 깨달은 사람들이 하는 이야기가 처음부터 대중들에게 통하지 않는 경우가 많습니다. 4대 성인이라는 소크라테스, 예수, 부처, 공자만 해도 그들의 메시지가 처음부터 영향력이 있었던 것은 아닙니다. 오히려 당대에는 소수의 추종자만 그들을 따랐고 다수는 외면했습니다.

소크라테스는 아테네 시민들에 의해 사형당했고 예수는 십자가에 못 박혔습니다. 공자는 제후들에게 유세했지만 뜻을 이루지 못하고 '상갓집 개'라는 말을 들었습니다. 내 목소리를 낼 때 세상의 저항은 당연한지도 모릅니다.

다수가 항상 옳은 것이 아닙니다. 아니 오히려 다수의 생각이 더 많은 오류에 빠지기 쉽습니다. 왜냐하면 다수의 생각은 한 사람 한 사람의 깊은 고민에서 나온 것이 아니기 때문입니다. 다수는 누군가 영향력 있는 사람의 주장을 맹목적으로 추종하는 경우가 많습니다. 혹은 주류에서 소외되기 싫다는 생각으로 깊은 고민 없이 많은 사람이 따르는 안전한 것을 선택하는 경우도 많습니다.

다수의 선택과 다른 내 생각이 환영받지 못한다고 하더라도 실망하지 마세요. 어찌보면 당연한 반응입니다. 소신 있게 내 목소리를 내 보세요.

# 124

그대가 만약 부처를 구한다면
부처라는 이름의 마귀에게 사로잡히고
스승을 구한다면 스승에게 구속된다.

그대들이 밖에서 구하면 모두가 고통이니
아무것도 하지 않고 쉬는 것만 못하다.

임제어록

# 고전 들여다보기

기존의 권위에 의존하면 그 틀에서 벗어나기 힘듭니다. 그 틀에 사로잡히고 맙니다. 밖에서 구하는 것에는 한계가 있습니다. 그래서 구하려고 노력할수록 시간과 에너지를 뺏기고 고통스러울 수 있습니다. 애써 구하지 않고 쉬는 것만 같지 못한 것입니다.

여기서 쉰다는 것은 그냥 게으르게 논다는 말이 아닙니다. 내 안으로 들어가고 또 들어가 그 안에서 답을 찾는 적극적인 머무름입니다.

밖에서 구하지 말고 자신의 본성 안에서 찾아야 합니다. 그 이름이 무엇이든 자신의 에너지를 빼앗아 가는 흡혈귀 같은 존재 - 마귀, 악마, 어둠의 존재 등 - 는 자기 자신이 만들어냅니다. 자기 내면이 아닌 외부에 의존하는 마음 때문에 스승이 교주가 되고 본보기를 보여준 사람이 우상이 됩니다. 그렇게 외부에 의존하면 가장 중요한 자유의지가 침해받습니다.

아흔아홉 가지 가르침이 진리라 해도 단 하나의 가르침이 자유의지를 침해한다면 외부에 사로잡혀 에너지를 빼앗기는 것입니다. 의존하는 마음을 버려야 모든 속박에서 자유로울 수 있습니다.

# 125

옳고 그름은
태어나면서 곧바로 깨닫는 것이 아니다.

몸소 궁구하고 갈고 닦아
하루아침에 스스로 깨닫는 것이다.

임제어록

# 고전 들여다보기

돈오점수(頓悟漸修)라는 말이 있습니다. 두 가지로 해석되는데 하나는 '단박에 깨달음을 얻은 뒤에도 점진적으로 수행을 해야 한다'는 것입니다. 다른 해석은 '단박에 깨달음을 얻기 위해서는 점진적인 수행이 필요하다'는 것입니다. 여기서는 후자 쪽의 해석이 더 어울립니다.

공자도 자신이 생이지지(生而知之, 나면서부터 안다)하는 사람이 아니라고 했듯이 노력하지 않고 바로 아는 법은 없습니다. 무엇이 옳고 무엇이 그른 것인지 판단하기 위해서는 배우고 몸소 체험하는 과정이 필요합니다. 점수(漸修)를 통해 돈오(頓悟)의 가능성이 열립니다.

돈오돈수(頓悟頓修)라는 말은 정말로 깨달음을 얻었다면 굳이 수행하지 않아도 된다는 것입니다. 깨달음을 얻은 뒤에는 애써 배우지 않아도 될까요?

물의 온도가 섭씨 100도가 되면 끓어 수증기가 됩니다. 물이 수증기가 되듯이 인간의 정신이 100도라는 경계를 넘어 상태가 변하는 것을 깨달음이라 정의한다면, 돈오돈수도 맞는 말입니다. 이제 물에서 수증기가 되었으니 더이상 온도를 높여야 할 필요 없는 것이지요.

그런데 인간 정신의 성장에 한계가 있는 것일까요? 우주의 끝을 알 수 없듯 인간 정신의 끝도 알 수 없는 것이 아닐까요? 인간 정신이 무한히 성장하는 것이라고 보면 더 큰 깨달음을 지속하기 위해 꾸준히 갈고 닦아야 하지 않을까요?

# 126

깨달음은 머무는 곳이 없다.

菩提無住處

그러므로 얻는 자도 없다.

是故無得者

임제어록

# 고전 들여다보기

보리(菩提)는 깨달음을 뜻합니다. 깨달음을 한 곳에 매어두면 그것은 깨달음이라고 하기 어렵습니다. 무엇이라 정의하고 한정하고 규정짓는 순간 깨달음이 아닙니다. 그런 사고방식으로는 깨달음을 얻기 힘듭니다.

깨달음은 머물러 있는 것이 아닙니다. 우주의 존재, 변화하는 실상, 그 속에서의 인간 그 자체가 깨달음의 모습입니다.

노자는 '도를 도라고 규정지으면 그것은 더이상 도가 아니다(道可道 非常道)'라고 하였습니다. 언어는 불완전합니다. 인간의 인식도 불완전합니다. 이런 불완전한 인식과 언어의 틀에 우주와 삶에 대한 깨달음을 끼워 넣으려는 시도는 억지스럽습니다.

깨달음에 어떤 실체를 기대하거나 정의하려는 시도는 무의미합니다. '깨달음을 얻었다'하는 생각도 자신이 무언가 특별한 존재, 남들보다 뛰어난 의미 있는 존재가 되고 싶은 욕망 때문에 생긴 착각이 아닐까요?

# 127

눈을 뜨지 못한 사람들은 내가 입은 옷을 붙잡고
'푸르다, 누렇다, 붉다, 희다'라고 알뿐이다.

임제어록

# 고전 들여다보기

견월망지(見月忘指)라는 말이 있습니다. '달을 보려거든 달을 가리키는 손가락 끝을 보지 말고 달을 보라.'는 의미로 쓰입니다. 중요한 것은 달을 가리키는 손가락이 아닙니다. 소크라테스, 공자, 부처, 예수의 껍데기가 중요한 것이 아니라 그들이 보여주려고 했던 본질, 진실이 중요합니다. 그들이 전하려고 했던 '진짜'를 보려고 노력해야 합니다. 그렇지 않으면 옷 색깔만 기억하면서 그들을 '안다'고 착각하는 것에 지나지 않습니다.

리처드 버크의 《갈매기의 꿈》은 한계를 초월한 갈매기 조나단을 신성시하고 우상화하는 갈매기들의 모습이 나옵니다. 그들은 조나단의 눈 색깔이 어땠는지, 정확히 어떤 몸짓을 취했는지 따위를 궁금해합니다.

조나단의 제자 플레처는 그들을 바라보며 이렇게 말합니다.

"그의 눈 따위는 잊어버려! 그의 눈은 … 보라색이었다! 어떻게 그런 게 중요할 수 있지? 그가 와서 전한 말은, 정신을 차리고 해변에서서 남의 눈 색깔에 대해 떠드는 짓을 중단하면 우리가 날 수 있다는 것이다!"

어리석은 사람들은 자기 내면의 빛을 밝히기보다는 숭배할 대상을 찾아다닙니다.

# 128

배우려는 자들이 깨달음을 얻지 못하는 이유는

대개 평판에 의지하기 때문이다.


죽은 노인네의 말을 뽑아 베껴 보자기에 싸서

남이 보지 못하게 하고서는 심오한 것이라 우대한다.


크게 착각하고 있도다, 눈먼 놈들아!

마른 해골에서 무슨 물기를 찾고 있는가?

임제어록

## 고전 들여다보기

문자는 도구일 뿐입니다. 지식과 깨달음을 전하는 방편에 불과합니다. 이미 죽어 백골이 된 현자의 말을 아무리 신성시하고 입으로 외우고 이해하려고 해도 문자 너머에 있는 깊은 뜻을 깨우치기 쉽지 않습니다.

'나도 할 수 있다'는 생각으로 깨달은 자들의 말을 음미하고 그들의 경지에 스스로 다다르도록 노력해야 합니다.

마르쿠스 아우렐리우스, 헤르만 헤세와 같은 고전의 저자, 지식인들도 책을 멀리하라고 했습니다. '책을 멀리하라' 는 말은 정말로 책을 읽지 말라는 것이 아닙니다. 책에'만' 의존하지 말라는 것입니다. 다른 사람'만' 의지하는 것, 책에'만' 의지하는 것은 본질이 모두 같습니다. 스스로 생각하지 않는 것입니다.

자기 생각 없이 책벌레가 되어 주야장천 책만 읽어대면 얻을 수 있는 것이 별로 없습니다. 책은 문제의식을 갖고 읽어야 저자와 대화할 수 있고 정말 도움이 되는 깨달음을 얻을 수 있습니다.

# 129

미적거리면서 하루하루 시간을 보내지 마라.

옷과 밥을 위해 살지 마라.

세상이 얼마나 쉽게 지나가 버리는지 보라.

임제어록

# 고전 들여다보기

시간은 쏜살같이 지나갑니다. 흘러가는 강물처럼 한 번 흘러간 시간은 되돌아오지 않습니다. 우리는 지구에서의 삶이라는 귀한 기회를 잡았습니다. 물론 인간답게 살기 위한 조건은 정말 중요한 것입니다. 하지만 이 멋진 삶을 옷과 밥을 위해서만 사는 것은 너무 아깝습니다.

삶의 진실을 알려고 노력하며 책을 읽는 지금, 이 순간을 소중히 하세요. 이런 태도, 지혜, 기회를 위해 몇 번을 거듭 살아왔는지 모릅니다.

〈갈매기의 꿈〉에는 낚시 배가 바다에 밑밥을 뿌리고 천 마리쯤 되는 갈매기 떼가 먹이를 먹으려고 다투는 장면이 나옵니다. 갈매기 떼처럼 먹이만 구하는 삶에서 정신의 성장은 이루어지기 힘듭니다.

인간에게는 먹이보다 중요한 것이 있습니다. 우리는 먹거나 싸우거나 힘을 추구하는 것, 그 이상의 무언가가 있다는 생각을 떠올리지도 못하고 이 짧은 시간을 낭비할 수도 있습니다. 이번 생에 아무것도 배우지 못하면 똑같은 방식으로 복습해야 하는 것이 아닐까요?

*Chapter IX*

삶이라는 축제를 즐겨라

라고르 *Tagore, Rabindranath*

타고르(Rabindranath Tagore, 1861~1941)는 '님에게 바치는 노래'라는 뜻의 산문시집 《기탄잘리》로 동양인으로는 처음으로 노벨문학상을 받은 인도의 시인이자 사상가, 교육자입니다. 타고르의 시에서 '님'은 사랑 그 자체이면서 만물에 편재하고 있는 신입니다. 그리고 그 신은 개별적인 자아들의 근원인 커다란 자아이기도 합니다.

그는 꾸준한 명상을 통해 근원의 자아, 신과 하나 되는 삶을 살았습니다. 그는 당대의 지식인들 - 예이츠, 아인슈타인, 하이젠베르크, 로맹 롤랑 등 - 과 활발히 교류했고 교육에도 열정을 갖고 학교를 운영하기도 했습니다.

일본 식민지배를 받던 한국에 대해 '동방의 등불'이라는 시에서 빛나는 등불이 다시 켜질 것이라 응원했고 '일본은 다른 민족에 입힌 상처로 스스로가 고통을 당하게 될지도 모르며, 주변에 뿌린 적의의 씨앗은 경계의 장벽으로 자라날 것이다.'라고 경계했습니다.

서양에 타고르의 시를 소개한 예이츠는 이렇게 말했습니다. "나는 여러 날 동안 이 번역된 원고 뭉치를 가지고 다니면서 기차 안에서도, 버스에서도, 혹은 식당에서도 읽었으며, 또 낯선 사람이 내가 얼마나 감동하는지 알아볼까 두려워 가끔 그 원고를 덮어두어야 했다."

그는 삶을 축제, 놀이라고 여겼습니다. '인간은 신의 즐거운 축제에 영광스럽게도 초대를 받아 왔고 아름다움과 사랑을 충분히 느끼고 돌아갈 것'이라는 메시지를 전했습니다.

그의 대표적인 작품 《기탄잘리》를 통해 삶이라는 축제를 즐기다 간 타고르의 노래를 함께 들어보겠습니다.

# 130

당신 자신에게 가장 가까이 가기 위해

가장 먼 길을 돌아가야 하며

가장 단순한 선율에 닿기 위해

가장 복잡한 시련을 거쳐야 합니다.


눈을 감고 '당신이 여기 존재합니다!'라고 말하기 전

나의 눈은 멀리 길을 잃고 헤맸습니다.


'아, 당신은 어디 계십니까?'라는 질문과 외침이

천 갈래 물줄기의 눈물로 녹아내리고

'내 안에 존재한다!'라는 확신의 물결로

세상을 가득 채울 때까지.

*타고르, 《기탄잘리》*

# 고전 들여다보기

　신은 멀리 있는 것 같지만 가까이 있고, 복잡해 보이지만 단순합니다. 시인은 시련과 고통의 시간을 견디어 낸 뒤에야 비로소 내가 신과 하나라는 단순한 사실을 깨닫습니다. 머리로는 이해하기 힘듭니다. 먼 길을 돌고 시련을 겪어야 비로소 가슴 속 깊이 확신할 수 있는 것인지도 모릅니다. 우리의 삶은 결국 '신은 내 안에 있다'는 깨달음을 찾아 헤매는 과정이 아닐까요?

　병을 앓는 마술사의 딸을 위해 틸틸과 미틸은 파랑새를 찾아 나섭니다. 추억의 나라, 밤의 궁전, 행복의 궁전, 미래의 나라 등을 방문하는 긴 여행을 하지만 결국 실망한 채 집으로 돌아옵니다. 그런데 집에 와서야 자기들 집에서 기르는 새가 파랑새라는 것을 깨닫습니다.

　1911년 노벨문학상을 받은 벨기에의 극작가 모리스 메테를링크 Maurice Maeterlinck, 1862~1949)의 《파랑새》라는 작품의 내용입니다. 우리는 신과 진리, 인생의 의문에 대한 해답을 찾아 헤맵니다. 하지만 그 답은 그리 멀지 않은 곳에 있습니다.

# 131

나는 이 세상 축제에 초대받았습니다.

이처럼 내 삶은 축복받았습니다.

내 눈은 보았고, 내 귀는 들었습니다.

이 잔치에서 내 역할은 나만의 악기를 연주하는 것이었습니다.

그리고 나는 최선을 다했습니다.

*타고르, 《기탄잘리》*

# 고전 들여다보기

좋아하는 가수의 콘서트에 가기 위해서는 티켓을 구해야 합니다. 많은 사람이 사랑받는 가수의 콘서트 표는 구하기 쉽지 않습니다. 예매 사이트에서 빨리 클릭하지 않으면 금세 마감되고 맙니다. 다음 기회를 기다려야 합니다.

지구가 영혼들에게 인기 있는 축제라고 상상해보면 어떨까요? 이 3차원 세상에서 살 수 있는 티켓을 얻기 위해 영혼들이 줄을 서서 기다린다면? 우리는 인생이라는 축제에 운 좋게 참석했습니다. 여기서 나만의 악기를 최선을 다해 연주하는 것이 행복입니다.

타고르의 생각처럼 삶을 축제라고 생각해보세요. 이 축제에서는 저마다 연주해야 할 악기가 있습니다. 그것은 누가 강제로 정해주는 것이 아니라 스스로 선택하는 것입니다. 축제는 자유의지로 참석하고 즐기는 것이니까요.

그런데 막상 악기를 연주하려고 하니 잘 안될 수 있습니다. 소리가 제대로 안 나서 고장난 건 아닐까 의심해 보기도 합니다. 옆 사람이 연주하는 악기가 더 좋아 보이고 멋진 소리가 날 수도 있습니다.

하지만 다른 사람의 악기를 빼앗으려 하거나 내 악기를 버리려고 해서는 안 됩니다. 우리 각자에게는 스스로 선택한 악기가 있고 그것을 훌륭하게 연주해야 할 과제가 있기 때문입니다.

# 132

장신구는 우리의 하나 됨을 방해합니다.

그것들은 당신과 나 사이를 가르고

그 소리로 당신의 속삭임을 지워 버릴지도 모릅니다.


화려한 옷과 보석의 속박 때문에

건강한 대지의 흙과 연결되지 못한다면

평범한 인간 삶의 위대한 축제에 입장할 권리를 빼앗긴다면


삶에서 얻는 것은 아무것도 없습니다.

*타고르, 《기탄잘리》*

# 고전 들여다보기

　우리가 삶의 본질과 연결되는 것을 가로막는 것이 많이 있습니다. 돈, 명예, 권력, 소유욕, 인정욕구와 같은 것입니다. 이런 것은 장신구입니다. 껍데기입니다. 장신구는 원래 몸의 아름다움과는 관계없이 꾸며주는 것일 뿐입니다. 물론 원래 가진 매력을 더 빛나게 할 수도 있지만, 장신구에 집착하느라 원래의 모습을 가꾸지 않는다면 주객이 전도된 것입니다.

　화려한 장신구는 시선을 분산시키고 그 소리는 귀를 어지럽힙니다. 내면의 속삭임을 지워버리기도 합니다. 껍데기에 정신을 빼앗기면 진짜를 잃습니다.

　항상 삶의 본질을 꿰뚫어 보려고 노력해야 합니다. 눈에 보이는 것에 현혹되어 버리면 사물과 현상의 배후에 있는 그대로의 진실을 보지 못할 수 있습니다.

　동시에 자신의 본질을 잃지 않도록 해야 합니다. 다른 것은 다 잃더라도 자기를 잃어서는 안 됩니다. 사회적인 직위나 소속, 계급은 자신의 본질을 말해주지 않습니다. 그런 것에 집착하면 오히려 자기 진짜 모습을 잃을 수 있습니다.

# 133

연꽃이 피던 날, 아아, 내 마음이 길을 잃어,
나는 꽃이 핀 것을 알지 못했습니다.

내 바구니는 비어 있었지만
나는 꽃을 볼 수 없었습니다.

나는 몰랐습니다.
연꽃이 그토록 가까이 있었음을.
그것이 내 것임을
그 완벽하게 달콤한 향기가
내 마음 한가운데에서 피어난 것임을.

*타고르, 《기탄잘리》*

# 고전 들여다보기

내 마음이 방황하고 있으면 바로 눈앞의 사물도 보지 못하고 귓가에서 속삭이는 소리도 듣지 못합니다. 등산할 때 산꼭대기 목표에만 집중하느라 아름다운 꽃을 보지 못하고 지나칩니다. 하지만 내려올 때는 이미 목적을 달성한 뒤에 마음이 편안해서 그런지 주변의 꽃이 좀 더 눈에 잘 들어옵니다.

바로 내 앞에 꽃이 피어있어도 내 마음이 지금, 바로 이곳에 있지 않다면 그 꽃을 알아볼 수 없습니다. 꽃을 따서 담기만 하면 되는데 꽃을 보지 못하니 담지 못합니다. 그 꽃은 내 안에 있습니다. 내 속에 피어있는 꽃을 나는 알지 못하고 있습니다.

마음이 급하고 안정되어 있지 않으면 내면과 멀어집니다. 내면의 목소리를 듣지 못하고 내 안의 꽃을 바라볼 여유가 없습니다. 마음이 병든 상태입니다.

마음이 느긋하고 여유로우면 차분하게 내면과 대화할 수 있습니다. 내면의 목소리에 귀 기울이고 내 안의 꽃을 외면하지 않고 바라봐 줄 수 있습니다. 마음이 건강한 상태입니다.

흔들리는 마음은 근본과 멀어진 인간의 마음이지만 흔들리지 않는 마음은 신의 마음입니다.

# 134

어둠 속에서 시간을 흘려보내지 말라.
너의 생을 다해 사랑의 등불에 불을 켜라.

*타고르, 《기탄잘리》*

# 고전 들여다보기

사랑을 깨닫지 못한 삶은 어둠입니다. 사랑을 실천하고 표현하지 못하는 삶은 공허합니다. 어둠 속에 있는 시간은 우리 존재의 본성과 동떨어져 있는 죽은 시간입니다. 누군가를 미워하고 저주하고 탓하는 시간은 헛된 시간입니다. 기껏 힘들게 부여받은 삶의 기회를 살리지 못하는 것입니다. 우리가 한 생을 바쳐서 해야 할 일은 자신이 사랑의 존재라는 것을 깨닫는 것입니다.

살면서 가장 강렬한 체험 중 하나는 자식을 낳고 키우는 것입니다. 나에게서 비롯된 생명을 오롯이 책임지고 키워내는 과정은 기적 같은 창조의 체험입니다. 부모가 되는 경험을 통해 완전한 사랑을 배울 수 있습니다.

정의, 진실, 관대함, 우정, 믿음 등 삶에서 배워야 할 가치는 많습니다. 만약 한 가지만 배울 수 있다면 무엇을 선택하면 좋을까요? 세상은 혼자 살아갈 수 없습니다. 관계를 전제로 하지 않는 존재는 없습니다. 생을 다해 배워야 할 단 한 가지는 사랑입니다.

# 135

자유를 얽어매는 속박은 없애기 힘들지만
벗어나려 하면 마음이 아픕니다.

나는 오직 자유를 원하지만
그것을 바라는 것이 부끄럽습니다.

나는 내 방을 가득 채운 반짝이 장식을
쓸어버릴 용기가 없습니다.

나를 감싼 먼지와 죽음의 수의를 증오하면서도
사랑으로 껴안습니다.

*타고르, 《기탄잘리》*

# 고전 들여다보기

반짝이 장식이나 옷처럼 우리는 자신을 구속하는 껍데기를 끊어내고 싶어 하면서도 차마 그렇게 하지 못합니다. 껍데기의 유혹은 달콤하고 익숙합니다.

인간은 방황하는 존재입니다. 먼지와 죽음의 수의를 증오하면서도 한편으로는 껴안고 놓지 못합니다. 언젠가는 놓아야 하리라는 것을 알면서도 지금 당장 그것을 어쩌지 못합니다. 그리고는 후회하기를 반복합니다.

사람은 무엇에든 얽매이지 않을 때 자유로움을 느낍니다. 돈, 명성, 성공과 같은 반짝이 장식은 아름답지만 자유를 구속하는 것들입니다. 돈을 벌고 지위를 얻으려면 하기 싫은 일이나 자신의 가치관에 맞지 않는 일을 하면서 자유를 희생해야 할 때도 있습니다.

완전히 자유로운 사람은 성공이나 실패에 집착하지 않습니다. 어떤 행동을 할 때 무엇에 속박되지 않습니다. 무엇을 심각하게 갈망하지도 않고 혐오하지도 않습니다. 그 무엇에도 얽매이지 않은 사람은 내적인 갈등에서도 자유롭습니다.

# 136

내 이름의 벽으로 가두어버린 이가
감옥 안에서 눈물 흘리고 있습니다.

나는 벽을 쌓아 올리느라 항상 분주합니다.
벽이 하늘로 나날이 높아갈수록
나는 그 어두운 그늘에 가린 참된 존재를 보지 못합니다.

나는 이 커다란 벽을 자랑스럽게 여기고
내 이름에 작은 구멍이라도 남지 않도록
흙과 모래를 반죽해 그 벽에 바릅니다.

그리고 그것에만 온통 주의를 기울이느라
나의 참된 존재를 잃어버립니다.

*타고르, 《기탄잘리》*

# 고전 들여다보기

이름은 우리의 본질이 아닙니다. 이름이라는 껍데기 안에, 내가 쌓아 올리는 예쁜 벽 안에 참된 자아는 갇혀 신음합니다. 우리는 자아와 대화하기는커녕 물샐틈없이 꼼꼼하게 벽을 손질하기 바쁩니다.

'예쁜 쓰레기'라는 말이 있습니다. 겉으로는 화려하고 좋아 보이지만 정작 쓸모없고 금방 싫증이 나버리는 물건을 말합니다. 우리는 참된 자아를 가두는 일에 몰두하면서 내 인생을 예쁜 쓰레기로 만들고 있는 것은 아닐까요? 우리는 'Who are you?'라는 질문에 껍데기 이름만 읊어대고 있는 것은 아닐까요?

당신은 누구인가요? 직장에서의 직위, 출신지, 누구의 엄마/아빠와 같은 수식어를 빼고 나면 어떤 대답을 할 수 있나요?

많은 이들이 자신을 파악하기 위해 크게 노력하지 않습니다. 실제 자신이 어떤 사람인지 찬찬히 살펴보려 하지 않습니다. 대신 남들이 이름 붙여준 껍데기를 진짜라고 믿습니다. 이것은 큰 착각입니다. 선물의 포장지보다 내용물이 더 중요하듯, 한 사람을 수식하는 단어보다 본질이 중요합니다.

자신을 수식하는 단어에 도취 되어 스스로 과대평가하면 그 사람의 가치는 오히려 점점 떨어집니다. 언제나 본질이 중요합니다.

# 137

마음속 빈곤의 뿌리를 쳐내고 또 쳐내소서.

가난한 사람을 결코 외면하지 않고
거만한 힘 앞에 무릎 꿇지 않을 힘을 주소서.

일상의 사소한 일을 초월해
정신을 드높일 수 있는 힘을 주소서.

*타고르, 《기탄잘리》*

# 고전 들여다보기

삶은 현실입니다. 24시간 정신만을 강조하면서 살아갈 수는 없습니다. 아이를 키울 때는 아이가 울면 기저귀를 갈아주고 때가 되면 먹을 것을 줘야 합니다. 직장에서는 주어진 일을 해야 하고 때 되면 세금 내고 고지서도 처리해야 합니다. 그것은 어쩔 수 없는 현실입니다. 이런 일도 잘 해내야 합니다.

하지만, 그런 일상에'만' 매몰되어 정신적인 일에 힘을 쓰지 못하면 내 정신은 눈멀고 귀먹어 버립니다. 불행한 이웃을 못 본 척하고 힘 앞에 무릎을 꿇고 살아가고 있지는 않나요?

〈어벤져스〉라는 영화에 보면 로키라는 외계인 악당이 무시무시한 힘을 앞세워 지구인들을 무릎 꿇립니다. "Kneel(무릎 꿇어)~!!!" 이라고 외치는 이 괴물 앞에 모두가 두려워 무릎을 꿇습니다. 승리감에 도취되어 일장 연설을 하는 로키에 맞서 한 힘없는 노인이 당당히 일어서서 저항합니다.

정신이 높이 세워져 있는 사람은 거만한 힘 앞에 무릎 꿇지 않습니다. 단련된 정신은 어려운 상황에서 더 빛이 납니다.

# 138

이른 아침,

속삭임이 내 귀에 들렸습니다.

오직 당신과 나, 단둘이 배를 타고 떠나야 한다고.

정해진 목적지도,

기한도 없이 이어질 우리의 순례를

이 세상 그 누구도 이해하지 못할 것이라고.

*타고르, 《기탄잘리》*

# 고전 들여다보기

어느 날 문득 잘 다니던 직장을 그만두고 글을 쓰겠다는 사람이 있습니다. 하던 일을 잠시 멈추고 세계 일주를 떠나는 사람도 있습니다. 그들은 내면의 속삭임에 귀를 기울이, 좀 더 깊은 대화를 위해 배를 타고 떠난 것입니다. 물론 일상을 떠나는 것만이 능사는 아닙니다. 하지만 그런 과감한 결정을 통해 나를 내 던져야 새로운 삶을 시작할 수 있습니다.

내면의 참된 자아와 함께하는 여행은 자칫 일탈로 보일 수도 있고 사람들이 이해하기 힘든 것일 수도 있습니다. 꼭 이런 일탈이 아니라도 나의 삶이 모든 이들에게 이해받기는 힘들 수 있습니다.

하지만 나의 여정을 세상에서 단 한 사람도 이해하지 못하더라도 속삭임이 있다면 그것을 따라야 하지 않을까요?

내면의 속삭임은 사람에 따라 다양한 형태로 드러납니다. 소크라테스는 '나에게는 신으로부터의 신탁 같은 것이 들리곤 한다' 고 했습니다. 꿈에서 풀리지 않는 문제의 답을 구할 단서를 얻었다고 말하는 학자나 발명가들도 있습니다. 따뜻한 물로 기분 좋게 샤워할 때 영감을 받는다고 말하는 작가들도 있습니다. 어떤 사람은 잠자리에서 일어날 때 자기도 모르게 어떤 말을 중얼거리기도 합니다.

나의 내면은 어떤 방식으로 나에게 말을 걸고 있나요?

# 139

가시덤불 가운데 꽃이 널리 피어나 빛나고 있다는 소식이

아직 그대에게는 닿지 않았는가?


깨어나라, 떨쳐 일어나라!

헛되이 시간을 보내지 말라.

돌투성이 길이 끝나는 곳,

아무도 밟지 않은 외딴 나라에 나의 벗이 홀로 앉아 있다.


그를 속이지 말라.

깨어나라, 떨쳐 일어나라!

*타고르, 《기탄잘리》*

# 고전 들여다보기

정신이 흐릿할 때가 종종 있습니다. 그냥 살아지는 대로 살아가는 때가 있습니다. 깨어있지 않은 삶은 살아도 내가 사는 것이 아니라는 느낌이 듭니다. 헛된 시간이 흘러갑니다.

삶의 여정이 가시덤불 같은 길이라도 그 속에는 화려한 꽃이 피어 있습니다. 주의를 기울이고 눈을 크게 뜨면 볼 수 있습니다. 내면의 소리를 들을 수 있는 귀를 열고 가려진 덤불을 헤치고 볼 수 있는 눈을 가진다면 모든 경험은 진실로 향하는 여정이 될 수 있습니다.

내 삶에 주어진 시간은 정해져 있습니다. 시간을 단지 어떻게 보낼까 생각하는 사람은 죽어가는 사람이지만 그 시간을 이용하려고 노력하는 사람은 살아가는 사람입니다. 짧은 인생이 헛되이 보낸 시간으로 더 짧아집니다.

시간을 헛되이 보내지 않으려면 깨어있어야 합니다. '깨어 있다' 는 것은 자신에 대해 잘 알고 있다는 말입니다. 외부에서 일어나는 일에 끌려다니지 말고 자기에게 필요한 것을 배우고 자신을 표현하는 데 시간을 쓰는 것이 현명합니다.

# 140

나는 결코 감각의 문을 닫지 않을 것입니다.

보고, 듣고, 만지는 기쁨이
당신의 즐거움을 가져다줄 것이기에.

*타고르, 《기탄잘리》*

# 고전 들여다보기

우리는 풀꽃 내음을 맡기 위해, 눈 내리는 풍경을 보기 위해 세상에 왔습니다. 사랑하는 사람의 온기를 느끼고 아이들의 웃음소리를 듣기 위해 태어났습니다. 많은 시인, 명상가들이 자연의 위대함과 삶의 아름다움을 노래했습니다.

감각과 멀어지는 삶은 잿빛입니다. 감각으로 전해지는 세상의 기쁨을 느끼지 못하기 때문입니다. 감각이 깨어있는 삶은 총천연색입니다. 인간은 존재하는 모든 것을 온전히 느끼고 감탄하는 능력을 잃어가면서 시들어갑니다. 오감으로 느껴지는 세상이 곧 커다란 나의 일부입니다.

길을 가다 예쁜 꽃을 보면 그냥 지나치지 말고 가만히 바라보세요. 꽃잎 하나하나의 모양과 색깔을 유심히 관찰해보세요. 어떤 향기가 나는지 맡아보세요. 산책길에 들리는 새소리를 눈을 감고 들어보세요. 몇 마리가 서로 대화하고 있나요? 떨어지는 빗방울을 손으로 만져보고 몸으로 느껴보세요. 빗방울에서는 어떤 냄새가 나나요? 계절마다 다른 향이 난다는 것을 알아챌 수 있나요?

감각의 문을 열면 세상과 더불어 온전히 존재할 수 있습니다.

# 141

죽음이 문을 두드리는 날,
그대는 무엇을 내놓을 것인가?


나 이곳을 떠날 때,
이것이 나의 작별의 말이 되게 하소서.


내가 본 세상은 너무나 아름다웠다고.

*타고르, 《기탄잘리》*

# 고전 들여다보기

　세상이 아름답기 때문에 아름답게 보이는 것이 아닙니다. 어떤 현실이라도 아름답게 볼 수 있는 깨달음을 얻었기 때문에 아름답게 보이는 것입니다. 삶을 마치는 순간까지 세상의 아름다움을 깨닫지 못한다면, 세상을 떠나는 순간에 아쉬움만을 남긴다면 그 삶은 허망한 것입니다.

　죽음 앞에서 우리는 무엇을 내어놓을 수 있을까요? 불평, 불만, 후회, 두려움보다 아름다운 세상에 대한 감사와 사랑을 전하는 것은 어떨까요?

　하루를 후회 없이 잘 보내고 내일로 미뤄둔 일이 없을 때 편안한 마음으로 잠자리에 들 수 있습니다. 그와 마찬가지로 삶의 과제를 잘 수행하고 참된 삶을 맛보았다면 두려움 없이 죽음을 맞이할 수 있습니다.

　참된 삶은 자신의 가치를 실현하는 삶입니다. 그 방법은 정해진 것이 없습니다. 모든 사람은 각자의 방식대로 삶을 이끌어가야 합니다.

　지금 내 눈 앞에 펼쳐진 세상은 아름다운가요? 그렇지 않다면 무엇부터 시작하면 좋을까요?

# 142

지상에서 나를 사랑하는 사람들은
무슨 수를 써서라도 나를 꽉 잡아두려 합니다.

그들은 잊힐까 두려워 나를 홀로 두지 않습니다.

그러나 그들보다 더 큰 사랑을 주는 당신은
나를 자유롭게 놓아둡니다.

*타고르, 《기탄잘리》*

# 고전 들여다보기

사랑하는 상대를 꽉 잡아두고 묶어두려고 하는 것은 나의 두려움 때문입니다. 상대가 나를 잊을지도 모른다는 두려움, 자유롭게 놓아두면 멀리 달아나 버릴지도 모른다는 두려움에 자유를 속박하려는 유혹에 빠질 수 있습니다. 하지만 속박하는 관계는 오랫동안 유지할 수 없습니다. 거리 조절이 필요합니다.

공원을 산책하다 보면 목줄을 멘 강아지와 함께 산책 나온 사람들을 볼 수 있습니다. 목줄이 너무 짧으면 강아지가 뛰어놀 수 없고 너무 길면 주변 사람들에게 피해를 줄 수 있습니다. 적절한 범위 안에서 자유를 주어야 합니다. 사람 사이의 관계도 이와 같은 적절한 거리가 필요합니다.

건강한 사랑은 자기 자신을 먼저 바로 세워야 가능합니다. 자신을 스스로 어찌할지 모르면서 상대를 배려하는 사랑을 하기는 힘듭니다. 일시적으로 위로가 될 수는 있지만 그 관계를 오래 지속하기 어렵습니다.

자유는 자기 내면을 조화롭게 하는 열쇠입니다. 사랑하는 사람의 자유를 제한하면 할수록 그는 자기 내면과의 조화에서 멀어집니다. 큰 사랑은 상대를 자유롭게 놓아둡니다. 사랑의 관계가 속박으로 변질될 때 지옥이 시작됩니다.

# 143

욕망이 헛된 생각과 먼지로 마음의 눈을 멀게 할 때

성스러운 자여,

깨어있는 자여,

당신의 빛,

당신의 천둥과 함께 와 주소서.

*타고르, 《기탄잘리》*

# 고전 들여다보기

욕망은 부족한 것을 충족하는 자연스러운 욕구와는 결이 다른 개념입니다. 욕망은 필요한 것 이상을 탐하는 것입니다. '필요' 보다는 '탐욕'에 좀 더 가깝습니다. 필요한 정도의 음식을 섭취하는 것이 먹는 것에 대한 욕구라면 건강을 해칠 정도로 지나치게 많은 음식을 먹는 것은 욕망입니다.

욕구를 채우면 몸과 마음이 건강해지지만 욕망을 좇으면 피폐해집니다. 과도한 욕망은 비워내야 합니다. 누군가의 천둥소리, 경고가 필요합니다. 그런 경고를 줄 수 있는 성스럽고 깨어있는 존재 또한 내 안에 있습니다.

자신에게 집중하지 않으면 욕구와 욕망을 구분하기란 쉽지 않습니다. 음식을 먹을 때 배가 고파서 먹는 것인지, 배가 부른데도 식탐으로 계속 먹고 있는지 알아차리려면 몸에서 보내는 신호에 예민하게 깨어있어야 합니다.

무언가를 하고 싶을 때 그것이 자연스러운 욕구인지 과도한 욕망인지 알아차리려면 어떻게 해야 할까요? '이것이 정말 내가 원하는 것일까?', '과하게 욕심내는 것은 아닐까?' 하고 자신에게 물어보고 내 안의 목소리에 귀 기울였을 때 조금이라도 불편함이 있다면 그것은 불필요한 욕망인 경우가 많습니다.

# 144

내가 헛되이 갈망했던 것들과
손에 넣은 것들을 내려놓게 하소서.

내가 거부하고 못 본 체 했던 것들을
진정으로 소유하게 해 주소서.

*타고르, 《기탄잘리》*

# 고전 들여다보기

지금 내가 갈망하는 것은 무엇인가요? 그것이 얼마나 가치 있는 것들일까요? 세상을 떠나기 전에도 지금처럼 똑같이 가치 있다고 여길 만한 것들인가요? 내가 소유하고 있는 것들은 진정으로 소유할만한 것들인가요?

'돈을 좀 더 벌면 기부를 해야지', '시간 여유가 되면 부모님께 자주 연락을 드려야지', '더 성공한 멋진 모습으로 은사님을 찾아뵈어야지'라는 생각으로 정말 중요한 것을 놓치고 있지는 않나요?

죽음을 생각하면 무엇을 내려놓아야 할지, 무엇을 소유해야 할지 명확해집니다. 우리는 정말로 필요하지 않은 것들을 소유하려고 인생의 소중한 시간을 낭비하고 있습니다. 필요를 넘어선 과도한 경제적인 이익, 진정성 없는 인맥 관리, 남에게 인정받기 위한 과로 등 많은 시간을 투입하는 일을 검증해보세요.

지금까지 얻어 온 것, 앞으로 얻으려고 하는 것이 내 삶에 중요한 가치를 주는 것인지 살펴보세요. 당장 내일 죽음을 맞이한다면 무엇을 할 건가요? 불필요한 것은 무엇인가요?

# *Chapter X*

배움이 아니고서는 올바른 삶을 살 수 없다

율곡 이이 栗谷 李珥

율곡 이이(1536~1584)는 퇴계 이황과 더불어 조선의 성리학의 기둥을
세운 대학자입니다. 그는 9차례나 과거에 장원급제하여 '구도장원공
(九度壯元公)'이라고 불렸습니다. 율곡은 어머니인 신사임당의 이른 죽
음에 충격을 받아 3년 상을 치른 후 금강산에서 불교를 공부하기도
했지만 결국 성리학자의 삶을 선택합니다.

그는 어머니 외에는 별다른 스승이 없었지만 당시의 학문을 집대
성하고 일가(一家)를 이루었습니다. 관직에서도 물러났다가 복귀하기
를 반복하면서 중요한 요직을 두루 거치면서 당시 조선 사회에 보탬
이 되는 많은 정책을 건의하고 실현했습니다.

또한 자신의 문하에서 김장생, 정엽, 조헌, 이귀 등의 제자를 배출했
고 조선 후기 사림의 주도 세력인 서인(기호학파)의 원조가 되었습니다.

다시 말해 그는 학자로도 크게 성공했고 관료로도 뜻을 펼쳤으며 후학 양성에서도 업적을 남긴 조선 시대 지식인의 모범이었다고 할 수 있습니다.

그는 20세에 지은 《자경문(自警文)》, 《성학집요》, 《격몽요결》 등에서 올바른 삶을 위해 배움과 뜻을 세우는 것의 중요성을 강조했습니다. 《성학집요》, 《격몽요결》에 나오는 율곡의 말을 중심으로 올바른 삶을 위한 배움에 대해 생각해 보세요.

# 145

사람이 이 세상에 태어나 살아가는데
학문이 아니면 올바른 사람이 될 방법이 없다.

배우지 않는 사람은 마음 바탕이 욕심으로 가득해
식견이 어둡게 마련이다.

따라서 반드시 글을 읽고 이치를 헤아려 사람으로서
마땅히 해야 할 도리를 밝혀야 한다.

*이이, 《격몽요결》 <序>*

# 고전 들여다보기

무엇이 옳은지, 무엇이 그른지 판단하려면 배워야 합니다. 올바른 판단 기준을 세우기 위해서입니다. 배우지 않으면 욕심을 제어할 수 없고 내 마음의 바탕이 욕심으로 가득 차 버립니다. 판단의 기준이 이익과 욕심이 되어 버립니다. 작은 내 몸에 갇혀, 넓게 깊게 세상을 바라볼 수 없습니다. 세상과 연결되어 있지 않고 단절된 자아로 살아갈 수밖에 없습니다.

아는 만큼 보입니다. 소견이 어두우면 세상의 흐름을 읽고 기회를 잡을 수 없습니다. 깊이 생각하는 만큼 지혜가 밝아집니다. 꾸준히 스스로 공부하고 생각하는 사람들의 내공은 이길 수 없습니다.

아인슈타인은 '나의 배움을 방해하는 유일한 훼방꾼은 내가 받은 교육이다'라는 말을 했습니다. 외부에서 주입하는 지식은 완전히 내 것이 될 수 없습니다.

주는 것만 받아먹는 공부를 하지 말고 진짜 내 공부를 시작 할 필요가 있습니다. 수동적인 배움에서 능동적이고 적극적인 배움으로 전환하세요. 삶의 길은 배움을 통해 스스로 밝혀야 합니다. 어떤 분야든 진짜 내 공부를 꾸준히 해나가면 내공과 식견이 쌓이고 전문가가 됩니다.

# 146

배움을 시작하는 사람은 반드시 먼저 뜻을 세우되

꼭 성인이 되겠다고 스스로 약속해야 한다

*이이, 《격몽요결》 <立志>*


죽을 때까지 글을 읽어도 성취하지 못하는 것은

다만 뜻을 세우지 않았기 때문이다.

뜻을 세우지 않으면 세 가지 병통이 생긴다.

첫째, 가르침을 믿지 못하고

둘째, 지혜롭지 못하고

셋째, 용감하지 못하다.

*이이, 《성학집요》 <修己>*

# 고전 들여다보기

배움의 길은 지난합니다. 끝도 없습니다. 그래서 시작할 때 명확한 방향을 가져야 합니다. 다른 것은 몰라도 공부에 대해서만큼은 욕심을 내야 합니다. 삶을 바꿀 수 있는 가장 확실한 길이기 때문입니다. 삶을 바꾸는 공부를 시작할 때는 절대로 물러서려는 마음을 가져서는 안 됩니다. 뜻을 세워야 먼저 공부한 선배들의 가르침을 믿고 지혜와 용기를 갖고 배움에 뛰어들 수 있습니다.

율곡은 왜 스스로 성인이 되겠다는 마음을 먹으라고 한 것일까요? 성인들은 '누구나 이렇게 할 수 있다'는 사례를 보여준 스승입니다. 우상으로 받들고 모셔야 할, 저 멀리 떨어진 존재가 아닙니다. 누구나 뜻을 세우고 노력하면 성인이 될 수 있다는 희망을 품어야 자기가 가진 잠재력을 깨워 더 멀리 갈 수 있습니다.

스스로 자기 능력에 한계를 두면 잠재력이 죽어버립니다. 자기에게 기회를 주지 않는 것입니다. 누군가가 이룬 성과를 보면서 주눅 들지 말고 '나도 할 수 있다'는 생각으로 뛰어들면 해낼 수 있습니다.

# 147

터럭만큼이라도 스스로 작게 여기고
도망가고 핑계 대는 생각을 가져서는 안 된다

*이이,《격몽요결》<立志>*

지혜롭지 못한 사람은 스스로 자질이 뛰어나지 않다고 한계 짓고
뒤로 물러나 안주하면서 한 걸음도 나아가지 않는다.

*이이,《성학집요》<修己>*

# 고전 들여다보기

한계는 스스로 만듭니다. 조금 더 구체적으로 말하면 우리의 물러서려는 생각이 한계를 만들어 버립니다. 어떤 분야에서 뛰어난 누군가를 '천재'라고 규정해 버리면 속이 편합니다. 나는 그만한 천재가 아니니 그 사람처럼 될 수 없다는 합리적인 이유가 됩니다.

하지만 그만큼 비겁한 것도 없습니다. 천재라 불리는 그 사람은 뛰어난 능력을 얻기 위해 죽기 살기로 노력했습니다. 평범하고 익숙한 일상을 버리고 자신을 내 던져 얻어낸 것입니다.

어릴 적 위인전을 읽을 때 가장 불편했던 부분이 태어난 가문, 태몽, 어린 시절의 비범한 에피소드 따위를 소개하는 부분이었습니다. 물론 사실을 전부 왜곡한 내용은 아니겠지만, 이런 내용은 글을 읽는 사람들에게 위인에 대한 고정관념을 심어줍니다.

예를 들어 '원래부터 큰일을 할 운명인 사람이 정해져 있다', '어릴 때부터 비범하고 특별한 사람이 있다' 와 같은 메시지입니다. 탁월한 업적을 이룬 사람은 자신에게 한계를 두지 않고 노력했습니다.

천재라는 딱지는 그들의 노력에 대한 예의가 아닙니다.

# 148

용기없는 사람들은 다만 하던 대로 안주해 버리고
힘써 분발하지 않는다.


어제 한 일을 오늘 바꾸기 힘들어하고
오늘 좋아하는 일을 내일 고치기 꺼린다.


이렇게 낡은 습관을 버리지 못하고 한 치를 나아가면
한 자씩 후퇴하니


이는 용기가 없는 결과다.

*이이, 《성학집요》 <修己>*

# 고전 들여다보기

아인슈타인은 '어제와 똑같이 살면서 다른 미래를 기대하는 것은 정신병이다.'라는 말을 했습니다. 어느 분야든 궁극의 경지에 이른 사람들의 생각은 통합니다.

뉴턴의 운동법칙 중 제1법칙이 '관성의 법칙'입니다. 모든 물체는 자기의 운동 상태를 그대로 유지한다는 법칙입니다. 우리의 생각, 말, 행동에도 관성의 법칙이 있습니다. 지금까지 해왔던, 익숙한 상태를 그대로 유지하려 합니다. 관성의 법칙을 무너뜨리는 것은 '외부에서 가해지는 힘'입니다. 외부의 압력에 굴복해 변화하는 것보다는 내면의 용기라는 힘으로 변하는 것이 더 좋지 않을까요?

때로는 궤도 이탈이 필요합니다. 많은 사람이 동기부여가 필요해 멘토를 찾아다닙니다. 비싼 돈을 내고 워크숍에 참여하고 과정을 등록합니다. 강의를 듣거나 책을 봅니다. 변화하고 싶기 때문이지요.

하지만 다시 일상으로 돌아와서는 원래 익숙했던 궤도에서 머물러 있는 경우가 많습니다. 스스로 동기부여하는 사람, 분발하는 사람은 가던 길을 한 번 벗어나는 용기를 냅니다. 의도적으로 탈선하면서 몸부림칩니다.

누구에게든 변화는 두렵습니다. 하지만 성장과 발전을 위해서는 익숙함을 기꺼이 버리는 용기가 필요합니다.

# 149

뜻을 세우고 아는 것을 분명하게 하고
행동을 진실하게 하는 것은
모두 나에게 달려 있으니
어찌 이것을 다른 사람에게서 구할 수 있겠는가?

이이, 《격몽요결》 <立志>


성현의 말을 믿고 실천하면
그 뜻을 이루지 못하는 사람이 없다.
하지만 믿지 못하는 사람은
성현의 말이 사람들을 속이는 것이라 생각하고
다만 글만 익힐 뿐 몸으로 실천하지 않는다.
읽는 것은 성현의 글이지만
행동은 세속을 따른다.

이이, 《성학집요》 <修己>

# 고전 들여다보기

아는 것은 실천해야 합니다. 인간의 삶은 실행이 곧 전부입니다. 실행은 100% 나 자신에게 달려 있습니다. 남 핑계를 댈 이유도, 시간도 없습니다. 먼저 살다간 삶의 선배들은 '이렇게 하면 된다'고 친절하게 우리에게 길을 알려주었습니다. 어떤 분야에서든 성공하는 사람은 이런 지혜를 그대로 실천한 사람입니다.

당신의 삶에 도움이 되는 지혜를 얻었다면 꼭 몸으로 실천해보세요. 아는 것은 실천해야 합니다. 인간의 삶은 실행이 곧 전부입니다. 실행은 100% 나 자신에게 달려 있습니다. 남 핑계를 댈 이유도, 시간도 없습니다. 먼저 살다간 삶의 선배들은 '이렇게 하면 된다'고 친절하게 우리에게 길을 알려주었습니다. 어떤 분야에서든 성공하는 사람은 이런 지혜를 그대로 실천한 사람입니다.

당신의 삶에 도움이 되는 지혜를 얻었다면 꼭 몸으로 실천해보세요.

# 150

사람의 용모나 힘, 신체는 바꿀 수 없으나
오직 마음과 뜻은 못나고 어리석은 사람을 지혜롭고
어진 사람으로 바꿀 수 있다.

*이이, 《격몽요결》 <立志>*

뜻이란 기(氣)를 거느리는 장수(帥)다.
뜻이 하나로 모이면 기가 동하지 않을 수 없다.

*이이, 《성학집요》 <修己>*

# 고전 들여다보기

주자는 '정신이 한군데로 모이면 무슨 일이든 이루지 못하겠는가?'라고 했습니다. 사람이 마음과 뜻을 집중하면 어떤 일이든 해낼 수 있습니다. 얼굴이나 신체까지 바꾸는 것은 힘들 수 있습니다. 하지만 어리석음을 지혜로움으로, 비뚤어지고 부정적인 생각을 긍정적인 생각으로 바꾸는 것은 마음먹기에 따라 충분히 가능합니다.

세상을 잡아 돌리는 힘은 인간의 의식입니다. 의식의 변화가 삶의 변화를 이루어냅니다. 모든 것은 에너지입니다. 아인슈타인이 발견한 $E=mc2$라는 공식은 물질(m)이 곧 에너지(E)라는 것을 말해줍니다. 생각도 에너지입니다. 눈에 보이지 않을 뿐입니다. '생각만 하면 이루어진다는 것이 말이 안된다'고 치부해 버리기 전에 한 번 어떤 것을 집중적으로 생각해 보세요. 상당히 힘듭니다. '생각만 하는 것'이 아무 것도 하지 않는 게 아니라 그 또한 많은 에너지가 들어가는 일입니다.

몸으로만 일한다고 원하는 것을 얻을 수 있는 것이 아닙니다. 의식도 함께 일해야 합니다. 집중된 의식은 현실을 창조해낼 수 있습니다.

# 151

사람이 비록 배움에 뜻을 두었다 해도
용감하게 앞으로 나아가 일을 이루지 못하는 이유는
몸에 밴 나쁜 습관이 그 뜻을 막아 무너뜨리기 때문이다.

만약 뜻을 단단히 하고
나쁜 습관을 뼈아프게 끊어내어 버리지 않는다면
끝내 배움의 바탕을 마련하지 못할 것이다.

*이이, 《격몽요결》 <革舊習>*

# 고전 들여다보기

가장 무서운 것이 습관입니다. 좋은 일에 뜻을 둔다고 해도 예전의 습관이 발목을 잡는 일이 비일비재 합니다. 나쁜 습관 중에서도 가장 치명적인 것이 부정적인 의식의 패턴, 고정관념입니다. 아무리 좋은 뜻을 세워도 그것은 일상의 파도 속에서 깎여나가기 마련입니다. 용기 있게 전진하면서 작은 성취를 쌓아가야 합니다. 그것을 바탕으로 부정적인 정신의 습관을 긍정적인 관념으로 대체해 나가야 합니다.

아리스토텔레스는 '우리가 습관적으로 하는 일들이 우리가 어떤 사람인지를 결정한다. 완벽이란 한 번의 행위가 아니라 일종의 습관이다'라고 했습니다. 습관은 형성하는 데 시간이 걸리지만, 한 번 자리 잡으면 정말 없애기 힘듭니다. 특히 외부의 정신적인 습관은 거머리처럼 우리 의식에 달라붙어서 쉽사리 떨어지지 않습니다.

외부의 자극에 대해 무조건 반사적으로 이루어지는 반응을 잘 살펴보세요. 어떤 상황에서 부정적인 감정이 드는지, 어떤 말을 들었을 때 화가 나는지, 포기하고 싶어질 때는 언제인지 등을 가만히 관찰해 보면 나의 고정관념을 알아차릴 수 있습니다. 그런 것을 뼈아프게 끊어내어 버려야 배움을 통해 깨달음의 열매를 얻을 수 있습니다.

# 152

반드시 용맹스러운 뜻을 크게 떨쳐

나쁜 습관을 단칼에 뿌리 자르듯 하여

마음의 바탕을 깨끗이 씻어내어

터럭만큼도 남지 않게 해야 할 것이다.

이이,《격몽요결》<革舊習>

# 고전 들여다보기

조선 중기의 유학자 남명 조식(1501~1572)은 '내명자경 외단자의(內明者敬 外斷者義, 안에서 밝히는 것은 경이요 밖에서 결단하는 것은 의다)'라는 글이 새겨진 칼과 '성성자(惺惺子, 스스로 경계하여 깨닫게 함)'라는 방울을 차고 다니면서 항상 경계하고 반성했다고 전해집니다.

자신이 추구하는 가치를 위해서 게으름, 교만함 등의 나쁜 습관을 끊어내기 위해 철저하게 노력한 선비의 모습입니다. 율곡도 칼날로 쳐서 뿌리를 끊듯이 배움에 도움이 되지 않는 습관을 확실하게 잘라낼 것을 권하고 있습니다. 그래야 내 마음의 바탕에서 배움의 씨앗이 싹틀 수 있습니다.

나쁜 습관은 점진적으로 개선하기 보다는 칼로 자르듯이 단 번에 끊어내는 것이 좋습니다. 점진적으로 개선될 것이라 생각하고 여지를 두면 나쁜 습관이 마음의 틈을 비집고 들어옵니다.

예를 들어 담배를 끊을 때 흔히 하루에 두 갑을 피우다가 한 갑, 열 개비, 다섯 개비, 세 개비, 한 개비…. 이렇게 흡연량을 줄이면서 점차 끊을 수 있다고 생각하지만, 실제로는 그렇게 잘되지 않습니다.

완전히 끊지 않고 한두 개비라도 피우다 보면 스트레스를 받거나 술을 마시거나 하다보면 어느 순간 '에라 모르겠다'하는 마음이 훅 들어옵니다. 좋지 않은 습관에는 조금이라도 여지를 주거나 자비를 베풀지 말고 한 번에 끊어 내보세요. 나에게는 어떤 나쁜 습관이 있나요?

# 153

마땅히 몸과 마음을 바르게 하여

겉으로 드러나는 행동과 속마음을 한결같게 하고

어두운 곳에 있더라도 밝은 곳에 있는 것처럼 하며

홀로 있어도 남들과 함께 있는 것과 같이하여

다른 사람들이 내 마음을

푸른 하늘에 떠 있는 해를 보듯 알 수 있게 해야 한다.

*이이,《격몽요결》<持身>*


놓쳐버린 마음을 거두어들이는 것이 학문의 기초다

*이이,《성학집요》<收斂>*

# 고전 들여다보기

신독(愼獨)이라는 말이 있습니다. '혼자 있어도 조심하고 삼간다'는 의미입니다. 좋은 진리, 나를 성숙하게하는 좋은 가르침을 접했다고 하더라도 그대로 행하기는 쉽지 않습니다. 지금까지 살아온 삶의 패턴이나 습관, 외부의 환경 등의 영향 때문입니다. 특히 마음을 다스리는 공부를 위한 실천에는 훈련이 필요합니다. 신독(愼獨)이 좋은 훈련이 됩니다.

율곡도 어두운 곳에서도 마치 밝은 곳에 있는 것처럼 혼자 있을 때도 여러 사람 앞에 있는 것과 같이 가정하고 행동하라는 말을 하고 있습니다.

최근에 작은 아이가 두 손가락을 자기 눈과 제 쪽을 번갈아 가리키며 '지켜보고 있다'며 우스갯소리를 해서 배꼽 빠지게 웃은 적이 있습니다. 그런데 '사랑하는 가족이 나를 항상 지켜보고 있다고 상상하면 더 좋은 사람이 될 수 있지 않을까?'라는 생각이 들었습니다.

핸드폰에 저장된 가족사진을 출력해서 가장 많은 시간을 보내는 곳에 붙여두면 어떨까요? 그렇게 하면 쓸데없는 일로 시간을 낭비하거나 가치 없는 일을 하지 않고 가족을 생각하면서 옳은 일, 좀 더 생산적인 일을 할 수 있지 않을까요?

# 154

책을 읽을 때는 반드시 한 권의 책을 여러 번 읽어서

의미를 모두 깨달아 통달하고 의심이 없게 된 후에

비로소 다시 다른 책을 읽어야 한다.


많이 읽기를 탐내고

지식을 얻는 데에만 힘써 분주하게 책을 읽어서는 안 된다.

이이, 《격몽요결》 <讀書>

# 고전 들여다보기

다독, 속독은 잘못하면 독(毒)이 될 수 있습니다. 책의 정수(essence)를 깨닫지 못하고 지식욕만 채우는 독서는 자신을 변화시키지 못합니다. 독서는 정독을 기본으로 책을 씹어 먹어 버린다는 기세로 해야 합니다. 그래야 깨달음을 얻고 변화가 시작됩니다. 나를 변화시키는 것은 한 마디 말이면 충분합니다. 지식만 쌓아가는 독서를 하고 있지는 않나요?

독서하는 방식에는 여러 가지가 있습니다. 율곡이 강조하는 독서법이 완전무결한 방식은 아닙니다. 유가 경전을 읽을 때는 단어 하나하나의 뜻을 정밀하게 궁리하여 깨달음을 얻는 방식으로 하는 것이 좋습니다. 분야에 따라서는 이런 독서법이 맞지 않을 수도 있습니다.

하지만 한 가지 확실한 사실은 수박 겉핥기식으로 숫자만 채우는 독서는 결코 바람직하지 않다는 것입니다. 책을 읽었으면 변화가 있어야 합니다. 삶을 변화시키지 않는 독서는 시간 낭비일 뿐입니다.

# 155

과거 공부와 이치를 궁리하는 공부를 함께 해나갈 것이요,

한쪽에만 치우치지 말 것이다.

*이이, 《격몽요결》 <處世>*

# 고전 들여다보기

학문의 목적은 무엇일까요? 먼저 올바른 사람이 되기 위함입니다. 이것이 근본(體)입니다. 배움을 통해 비로소 사람이 되는 것입니다. 하지만 이것만 가지고는 세상을 살아갈 수 없습니다. 경제활동을 하고 다른 사람들에게도 실질적인 도움이 되는 공부도 필요합니다. 율곡은 과거 공부를 말했습니다. 이것이 활용(用)입니다.

우리는 이상과 현실을 모두 충족하는 공부를 해나가야 합니다. 현실적으로 도움이 되는 공부를 하면서도 삶의 가치와 근본적인 질문에 대한 답을 찾아가는 공부를 병행해 나가야 합니다.

〈이솝우화〉에 하늘만 쳐다보던 천문학자가 우물에 빠져 버리는 이야기가 나옵니다. 천문학자를 보면서 지나가던 행인이 '당신은 하늘에 있는 것들을 보려다가 땅에 있는 것들은 보지 못했구려'라고 한마디 쏘아붙입니다.

여기서 하늘은 이상적인 것, 근본적인 것, 본질, 뼈대를 상징합니다. 땅은 현실, 먹고 사는 것, 실제로 활용하는 공부를 뜻합니다. 본질에 대한 깨달음도 중요하지만 현실에 단단한 뿌리를 두어야 합니다. 당장 눈앞의 일을 처리하지도 못하면서 근본적인 문제에만 치우치면 사고가 납니다. 배움에도 균형이 필요한 이유겠지요.

- Plato(Author), Benjamin Jowett(Translator); Apoplogy; 1999, http://www. gutenberg.org/ebooks/1656

- Xenophon(Author), Edward Bysshe(Translator); The Memorable Thoughts of Socrates; 2006, http://www.gutenberg.org/ebooks/1177

- 김도련 역; 주주금석 논어 上,下; 2015, 웅진지식하우스 (원문참고)

- Marcus Aurelius(Author), Meric Casaubon(Translator); Meditations; 2001, http://www.gutenberg.org/ebooks/2680

- Hermann Hesse; Demian; 2013, 더클래식

- Hermann Hesse; Beneath the Wheel; 2013, 더클래식

- Hermann Hesse; The Glass Bead Game; 2002, Holt Paperbacks

- Herman Hesse(Author), Gunther Olesch, Anke Dreher, Amy Coulter, Stefan Langer and Semyon Chaichenets(Translator); Siddhartha; 2008, http://www.gutenberg.org/ebooks/2500

- Leo Nikoleyevich Tolstoy(Author), L. and A. Maude(Translator); What Men Live By and Other Tales; 2004, http://www.gutenberg.org/ebooks/6157

- Leo Nikoleyevich Tolstoy(Author), William E. Smith(Translator); The Awakening; 2005, http://www.gutenberg.org/ebooks/17352

- Leo Nikoleyevich Tolstoy(Author), Constance Garnett(Translator); Anna Karenina; 1998, http://www.gutenberg.org/ebooks/1399

- Leo Nikoleyevich Tolstoy(Author), Peter Sekirin(Translator); Wise Thoughts for Every Day : On God, Love, Spirit, and Living a Good Life; 2005, Arcade Publishing

- Homer(Author), William Cowper(Translator); The Iliad; 2005, http://www.gutenberg.org/ebooks/16452

- Homer(Author), Butcher & Lang(Translator); The Odyssey; 1999, http://www.gutenberg.org/ebooks/1728

- Antoine De Saint Exupéry; Night Flight; 2014, 더클래식

- Antoine De Saint Exupéry; The Little Prince; 2012, 더클래식

- Antoine De Saint Exupéry; The Wisdom of the Sands (Citadelle); 1984, Univ of Chicago Press

- 임제의현, 김태완 역; 임제어록; 2015, 침묵의 향기 (원문참고)

- Rabindranath Tagore; Gitanjali; 2004, http://www.gutenberg.org/ebooks/7164

- 이이, 이민수 역; 격몽요결; 2012, 을유문화사 (원문참고)

- 이이, 김태완 역; 성학집요; 2007, 청어람미디어 (원문참고)

# 고전명언 마음수업

초판　1쇄 인쇄　2021년　7월 23일
초판　1쇄 발행　2021년　7월 30일

지은이　　　임성훈

펴낸곳　　　스노우폭스북스
발행인　　　김승호
편집인　　　서진

편집진행　　강민경 성주영 박정아 김영희

마케팅　　　구본건 김정현 이민우
영업　　　　이동진

디자인　　　양은경

주소　　　　경기도 파주시 광인사길 209, 202호
대표번호　　031-927-9965
팩스　　　　070-7589-0721
전자우편　　edit@sfbooks.co.kr
출판신고　　2015년 8월 7일 제406-2015-000159

ISBN　　　　979-11-91769-03-6　(03190)

• 스노우폭스북스는 여러분의 소중한 원고를 언제나 성실히 검토합니다.
• 이 책에 실린 모든 내용은 저작권법에 따라 보호를 받는 저작물이므로 무단 전재와 무단 복제를 금합니다.
• 이 책 내용의 전부 또는 일부를 사용하려면 반드시 출판사의 동의를 받아야 합니다.
• 잘못된 책은 구입처에서 교환해 드립니다.
• 책값은 뒷면에 있습니다.